Beata Korioth
Goodbye STRESS

arkana

BEATA KORIOTH

Goodbye STRESS

HALTE DIE WELT AN, ATME UND FINDE ZURÜCK IN DEINE KRAFT

arkana

 Dieses Buch ist auch als E-Book erhältlich.

MIX
Papier aus verantwor-
tungsvollen Quellen
FSC
www.fsc.org
FSC® C083411

Verlagsgruppe Random House FSC® N001967

1. Auflage
Originalausgabe
© 2018 Arkana, München
in der Verlagsgruppe Random House GmbH,
Neumarkter Straße 28, 81673 München
Lektorat: Diane Zilliges
Umschlaggestaltung: ki 36, Editorial Design, München
Sabine Krohberger
Coverhintergrund: © Tori Art/creativemarket
Illustration, S. 77: © Fotolia
Satz: Uhl + Massopust, Aalen
Druck und Bindung: CPI books GmbH, Leck
Printed in the Czech Republic
ISBN 978-3-442-34232-7

www.arkana-verlag.de

Besuchen Sie den Arkana Verlag im Netz

Inhalt

Geleitwort

Als Beata mich fragte, ob ich ein Vorwort für ihr Buch *Goodbye Stress* schreiben würde, fühlte ich mich begeistert und zutiefst dankbar. Begeistert, weil sie darin unsere wundervolle therapeutische Arbeit mit dem Atem authentisch, tief bewegt und bewegend, voller Ehrlichkeit und von Intelligenz getragen beschreibt. Und dankbar dafür, dass ich Beata auf ihrem Entwicklungsweg eine Zeitlang intensiv habe begleiten dürfen.

Das Begleiten von Menschen hin zu mehr Frieden, zu einem inneren Gleichgewicht, zu Selbstvertrauen und Glück ist seit Jahren meine Berufung und bis heute mein Beruf. Meine erste Ausbildungsstätte war die Tanzakademie in Rotterdam. Ich wusste damals nicht, wie wichtig der Modern Dance nach Martha Graham für meine weitere Entwicklung sein würde. Bei dieser Technik sind alle Bewegungen stark mit dem Atem verbunden. Der Einatem streckt den Körper, und aus dem Ausatem entsteht die Bewegung. Es ist, als ob der Einatem symbolisiert, dass wir Kraft aufnehmen und uns der Welt präsentieren, während uns der Ausatem die Gelegenheit gibt, ganz natürlich eine Lebensbewegung entstehen zu lassen, über die wir uns und unsere Emotionen zum Ausdruck bringen können. Als ich dann 1978 meine erste Erfahrung mit dem verbundenen Atem machte, war ich fasziniert. Ich verstand plötzlich viel tiefer, was ich damals auf der Akademie gelernt hatte. Doch es war noch mehr: Ich realisierte, dass mein Leben eine andere Ausrichtung brauchte. Und ich wusste: Das wird mein Weg zu mir.

Heute, nach so vielen Jahren des Lernens und Lehrens, sehe ich in den Menschen, mit denen ich arbeiten darf, noch immer

Wunder passieren. Sie entdecken durch das Atmen ihre lange ver-
schüttete Kraft wieder. Probleme, die weit in die Vergangenheit
zurückreichen, lösen sich auf. Angst wird nicht mehr unterdrückt.
Alle Emotionen dürfen gefühlt werden, die Kraft darf ebenso leben wie die Verletzlichkeit. Alles wird leichter und freier. Eigen-
liebe und Selbstvertrauen wachsen. Es entsteht Enthusiasmus für
das Leben selbst.

Genau dieser Enthusiasmus ist es, den Beata in ihrem Buch
nicht nur beschreibt, sondern den sie auch selbst lebt und mit
dem sie andere fühlbar und nachvollziehbar ansteckt. Wir finden
die Arbeit mit dem Atem in vielen spirituellen Schulen und Religionen, im Buddhismus, in der Meditation, im Yoga. Beata kennt
diese Wurzeln, sie kennt die heutigen therapeutischen Anwen-
dungsweisen – und sie macht etwas ganz und gar Zeitgemäßes
und Frisches daraus. Sie nimmt uns mit auf eine Reise nach innen, die, wie sie sagt, nichts für Weicheier ist. Sie regt uns an, eine
komplett neue Sichtweise auf den Stress zu entwickeln und zu
prüfen: »Ist Stress für mich Bedrohung oder Herausforderung?«

Diese Reise nach innen wird von ihr bestens untermauert und
wissenschaftlich begründet. Das Wort »Tiefenentspannung« bekommt dabei eine ganz neue Bedeutung: Gerade dann nämlich,
wenn es im Leben spannend wird, geht es darum, innerlich zu
stoppen, in die eigene Tiefe zu gehen und sich für eine andere
als eine »stressige« Erfahrung zu öffnen. Sind wir bereit, unseren Ängsten ins Auge zu sehen? Wagen wir es, alle Emotionen,
sowohl die schönen als auch die, die wir unangenehm nennen,
voll atmend zu empfinden? Sind wir bereit, unser bestes Selbst
zu entdecken? Nutzen wir die Chance, selbst zur Quelle unseres
Glücks zu werden?

Beata lässt uns kaum eine Wahl. Ihre Sprache und ihre Beispiele sind so farbenfroh und einladend, sie machen das Lesen
zu einer hautnahen Erfahrung. Sie zwingt uns geradezu, mit ihr
Schritt um Schritt in Richtung wachsender Bewusstheit zu gehen
und die Identifikation mit den ängstlichen und kritischen Stim-

men in uns zu stoppen. So tauchen wir vollkommen in das Hier und Jetzt ein. Wir wagen den Sprung – den Sprung ins echte, wahre Leben.

Es gelingt Beata Kapitel für Kapitel, Seite um Seite neu, uns zu inspirieren, unsere Erfahrungswelt zu erweitern und den Atem als wirkliches Heilmittel zu erfahren. Sie verführt uns dazu, im wahrsten Wortsinne soziale Wesen zu werden, indem wir das Geben und das Empfangen ausbalancieren. Sie zeigt uns, wie echte Lebensfreude zu lernen und zu erfahren ist. Ihre Botschaft ist wirklich ein Schatz für unsere Zeit: »Innerer Frieden ist etwas ganz Normales und Freude für jeden erreichbar. Dein Herz darf singen!«

In Anerkennung und Dankbarkeit an eine wahre Kollegin,
Tilke Platteel-Deur
Leiterin Institut für Ganzheitliche Integrative Atemtherapie und
Vorstandsmitglied der Global Professional Breathwork Alliance

Vorwort

Fußgängerzone, South Beach, 1995. Die Welt hat mich ausgespuckt in Miami, und mein Herz ist tot, so fühlt es sich an. Ich laufe durch die Stadt, hebe plötzlich den Kopf und sehe viele Meter weiter etwas leuchten in dem Regal eines Buchladens. Das Leuchten ist verrückt und nur in meinem Kopf. Als ich näher komme, sehe ich, dass es ein gelber Buchrücken ist, der mich so anzieht. Ich stolpere in das Geschäft, bis ich das Buch endlich in den Händen halte und den Titel lese:

You Get So Alone
At Times That It
Just Makes Sense
Charles Bukowski

Scheiße, ja! Der meint mich. Höchstpersönlich. Mein kleiner Bruder war kurz zuvor auf seiner Harley ums Leben gekommen, und ich fühlte mich, als hätte man einen Teil meines Körpers amputiert. Am liebsten wäre ich ihm gefolgt. Jetzt waren die Würfel gefallen. Er war tot, und ich wollte nicht, dass meine Eltern noch einmal ein Kind verlieren. Also entschied ich mich zu leben – für zwei. Wenn du keine Angst vor dem Sterben hast, gibt es nichts zu verlieren. Zwei Wochen nach dem Tod meines Bruders stand ich vor meiner Uni, an der ich Germanistik, Politik- und Medienwissenschaften studierte. Ich schaute mir das Gebäude an wie einen

Exliebhaber an dem Tag, an dem man sich eingesteht: Es ist vorbei mit uns beiden. In diesem Moment traf ich eine Entscheidung: Ab jetzt mache ich nichts mehr, was ich nicht wirklich will. Dafür erschien mir die Lebenszeit einfach zu knapp bemessen. Ich wusste nicht, wohin mein Leben mich bringen würde, aber ich war bereit, meinem inneren Kompass zu folgen. Ich brach mein Studium ab und provozierte das Leben, lotete seine Grenzen aus. Ich tanzte tage- und nächtelang in den Wüsten Amerikas, fuhr mit Höchstgeschwindigkeit vor eine Mauer und eine schwarze Piste in den Dolomiten Schuss runter. Ich wusste nichts von der Welt, schon gar nichts vom Leben, fühlte nur Dunkelheit, und hier kommt Bukowski und flüstert mir zu: Alles gut, Kleine, alles gut, du bist nicht allein, ich kenne dich. Es gibt einen Sinn in der Einsamkeit.

Ein Jahr später, Santa Monica Boulevard, L. A. Ich liege in Pyjamahose mit anderen Menschen Matte an Matte in einem Raum ohne Klimaanlage. Links David Duchovny, rechts Drew Barrymore. Ich mache Yoga, atme und schwitze. Als ich rauskomme, schwebe ich und weiß: Damit höre ich nie wieder auf. Es waren nicht nur die Körperbewegungen, es war vor allem der Atem, der mich aus dem Tiefschlaf holte. Nach einer jahrelangen Betäubung war es, als ob endlich wieder Blut durch meine Adern floss. Ich habe damals die Mechanismen noch nicht verstanden, aber der Atem führte mich nach Hause zurück. Ich bekam eine Ahnung von lebendiger Stille. Eine Idee von Entspannung, nach der ich mich so sehnte. Der wollte ich folgen, sie verstehen und verinnerlichen. Ich verbannte alle Rauschmittel aus meinem Leben, lernte im Schweigekloster still zu werden und übte mich täglich viele Stunden in Yoga, Atem und Meditation. Darin lag der Grundstein meiner Entwicklung hin zur Yogalehrerin, zur Atemtherapeutin und schließlich zur Bewusstseinstrainerin.

Heute. Hier und jetzt hältst du ein Buch in den Händen, das zu 100 Prozent auf Erfahrung basiert. Erfahrung, die nicht allein meine ist, sondern die Erkenntnisse sehr vieler Menschen widerspiegelt, mit denen ich in den letzten gut zwanzig Jahren gearbeitet habe und von denen ich lernen durfte. Ich habe mit Wissenschaftlern gesprochen; mit Menschen, von denen eine hohe Performance unter immensem Druck abverlangt wird, mit Unternehmensgründern, Spitzensportlern und Sicherheitsexperten; mit Menschen, die schon Pistolenläufe in ihren Mündern oder an den Schläfen spürten; mit Menschen, die zuständig sind und ausrücken, wenn in Deutschland das öffentliche Leben in Gefahr ist, die Terrorattacken verhindern; mit Menschen, die mich begeistern. Ich habe erstaunliche Geschichten ausgegraben, die wahr sind und die ich heute mit dir teile. Was diese Menschen mit Leib und Seele leben und erforschen, verändert tatsächlich unsere Welt.

Mit diesen Geschichten bezwecke ich zwei Dinge: Auf der einen Seite will ich dich inspirieren, außerhalb der altbekannten Box zu denken und neue Erfahrungen zu machen. Auf der anderen Seite möchte ich dir etwas wegnehmen, was du sehr lieb gewonnen hast – und das ist deine Überzeugung zum Thema Stress. Das Buch zeigt dir völlig neue Perspektiven, die dein bisheriges Denken komplett auf den Kopf stellen und umdrehen. Zu guter Letzt – für die ganz Mutigen – entfernen wir Stress komplett! Nicht nur, indem wir das Codewort Stress nicht mehr benutzen, sondern indem wir unser Empfinden bei seinem echten Namen nennen: Angst! Wer Stress sagt, meint Angst. Und mit Angst können wir umgehen: Wir halten die Welt an, atmen und finden zurück in unsere Kraft.

Das Mutigste in der Welt

Es ist dein erstes Mal. Du stehst an einer Klippe und schaust ins Nichts, in die Weite und den klaren, sonnigen Himmel. Vor dir ist die Ungewissheit. Entweder du machst den Schritt nach vorn, verlässt das Altbekannte oder du gehst zurück in das, was du kennst. Du hast gehört, es soll ein ziemlich geiles Gefühl sein. Absolute Freiheit und pure Lebensfreude. Du wolltest schon immer wissen, wie es ist, vollkommen schwerelos und ekstatisch zu sein. Voller Energie über dich selbst hinauswachsen. Das wär's doch. Du hast viel dazu gelesen und andere befragt, aber so richtig vorstellen kannst du es dir nicht. Jetzt stehst du hier oben und es ist an der Zeit. Du bist jetzt dran.

Und dann spürst du ihn – diesen Kitzel, der sich immer zeigt, wenn du das Bekannte verlässt und in neue Welten vordringst. Ist es Angst? Die Angst loszulassen? Angst, die Kontrolle über dein Leben abzugeben? Oder sind es Mut und Vorfreude, was du wahrnimmst? Mut, eine neue Herausforderung anzunehmen? Vorfreude auf ein Leben, das du bisher nur aus deinen kühnsten Träumen kennst? Dieses unbeschreibliche prickelnde Gefühl nimmt deinen ganzen Körper ein. Alles, was du weißt, ist: Wenn du den Schritt nach vorn wagst, kannst du dich an rein gar nichts mehr festhalten. Du gibst die Kontrolle ab. Wenn du aber einen Rückzieher machst, wirst du nie erfahren, wer du sein kannst in diesem Leben. Du breitest versuchshalber deine Arme aus und spürst den sanften Wind auf deiner Haut. Dein Herz pocht. Dein Körper vibriert. Die Sonne scheint in dein Gesicht. Dein Leben wartet auf dich.

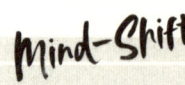

Springst du?

Wer du sein kannst in diesem Leben

Genau das Gleiche passiert in der Tiefenentspannung. Wenn du alte Gedankenmuster, die dich kontrollieren und deine Lebensenergie fressen, endlich auflöst, wirst du immer wieder genau diese Erfahrung machen. Du stehst jedes Mal aufs Neue vor der Entscheidung, den sicheren Boden zu verlassen und zu neuen Abenteuern aufzubrechen. Indem du beschließt, dich einzulassen, beginnt ein Veränderungsprozess.

Denkst du an Tiefenentspannung, denkst du vermutlich an Wellnessurlaub, an eine Massage, eine Yogasession, ein Partie Golf oder an einen kontemplativen Spaziergang im Park. Doch solche angenehmen und beruhigenden Aktivitäten sind allenfalls die Vorbereitung auf die Tiefenentspannung, das Aufwärmen und Stretchen. Viele bleiben auch genau hier stecken, in der Vorbereitung auf das Leben ihrer Träume. Echte Tiefenentspannung beweist du nicht auf der Yogamatte, sondern im Alltag, und zwar immer dann, wenn dein Herz klopft, dein Atem schneller wird, die Unruhe dich packt, du ein mulmiges Gefühl in dir wahrnimmst – du weißt schon, in den Momenten, in denen wir »Stress« sagen. Was machst du dann? In diesen Momenten kristallisiert sich heraus, wer du sein kannst in diesem Leben.

Kannst du offen, weit und liebevoll sein? Kannst du atmen, wenn der Druck steigt? Fühlst du dich verbunden, selbstsicher und unterstützt? Traust du dich, genau jetzt Neues zu denken und zu wagen? Gehst du das Risiko ein? Oder kehrst du dein Empfinden unter den Teppich, läufst weiter in deinem Hamsterrad und ächzt: »Puuh, was für'n Stress!«? Tiefenentspannung passiert, wenn du all deinen Ängsten zitternd, lächelnd, atmend begegnest; das Leben voll und ganz mit allen Ecken und Kanten annimmst; dich nicht mehr von deinem limitierten Denken begrenzen lässt. Du bleibst souverän und auf Augenhöhe mit der Situation. Du gibst die Kontrolle ab, die du eh nie hattest. Das wird jede deiner Ängste an die Oberfläche bringen und sogar so weit führen, dass du dich freust, wenn sich eine Angst in dir zeigt, weil du dann den nächsten Klippensprung in die Tiefe und in das Leben wagen kannst. Tiefenentspannung ist nichts für Weicheier! Mit Haien schwimmen, ins Weltall fliegen, Berge bezwingen, neue Länder entdecken? Nö. Vergiss das. Das Mutigste in der Welt ist Tiefenentspannung!

Wir empfinden Stress, wenn wir Angst in Kopf und Körper haben. Menschen mit vielen Ängsten entwickeln besonders starke Stressreaktionen. Menschen mit weniger Ängsten leben befreiter. Wer viel leidvollen Stress empfindet und glaubt, keine Angst zu haben, hat nur noch nicht den Zugang zu ihr gefunden. Angst ist menschlich, und jeder kennt sie. Schwinden die Ängste, schwinden die Stressreaktionen aus unserem Leben. Dein Vertrauen in dich selbst und in das Leben wächst mit jeder Angst, die du nicht unterdrückt hast. Erst wenn du sie fühlen kannst, bist du frei. Dieser Prozess kreiert ein ganz neues Denken. Die Erfahrung von Sicherheit und Verbundenheit wird das Fundament deiner Ausrichtung in deinem wundervollen Leben. Selbstvertrauen erwächst aus dem Gefühl von »Ich bin gut aufgehoben in dieser Welt. Ich gehöre hierhin«. Du tust viel mehr von dem, was du liebst, bist authentischer, mehr du selbst – und dafür musst du noch nicht einmal den Partner oder Job verlassen. Du wirst weit und offen und gehst in Verbindung mit deiner Kraft, die dich beflügelt und dir eine Richtung gibt. Bist du angebunden an diesen Strom, ist dein Ego arbeitslos. Das ist

Tiefenentspannung. Wer aus der Tiefenentspannung nicht weiter, freier, leichter, offener, zufriedener, stiller, ruhiger oder glücklicher rausgeht, als er reingegangen ist, der war gar nicht drin.

Mir geht es nicht um Produktivitätssteigerung oder Work-Life-Balance – das passiert nebenbei und anders als du denkst. Mir geht es darum: Bist du glücklich? Kannst du dich jetzt freuen? Lebst du die freie und selbstbewusste Version von dir? Stress erlebst du immer dann, wenn dir dein Leben bedrohlich vorkommt. Diese Wahrnehmung ist jedoch sehr leicht veränderbar – es braucht den kühnen Sprung in die neue Perspektive. Das muss trainiert werden.

In diesem Buch erfährst du am eigenen Leib, wie das geht. Wir werden deinen Stress infrage stellen und kleine wie große Ängste entlarven. Die hier vorgestellten Übungen werden dir Superkräfte verleihen: absurd gütiges Mitgefühl, tiefstes Vertrauen und pure Lebensfreude. Es wird Spaß machen und dich auch etwas Überwindung kosten, die ausgetretenen Pfade zu verlassen und eine neue Perspektive auf dein Leben einzunehmen. Ich verspreche dir, es lohnt sich, denn das Gefühl, das du daraus generierst, ist stark. Ich nenne diesen Vorgang des inneren Verrückens:

Mind-Shift

Mind Shift

Der Mind Shift ist ein Perspektivwechsel, der etwas Distanz zwischen dir und deinem Erleben schafft. Manchmal ist es gerade so viel Abstand, dass nur ein Blatt Papier dazwischen Platz hätte. Das reicht schon, um eine neue Erfahrung zu machen. Es passiert spürbar etwas mit dir. Ein kleiner innerer Schritt – und mit ihm verändert sich unweigerlich deine Wahrnehmung der Situation. Du kannst dir vorstellen, dass die Welt aus der Vogelperspektive anders aussieht als aus der Perspektive des Regenwurms. Genauso werden wir uns deine Welt aus unterschiedlichen Perspektiven ansehen.

Nun, bist du so weit?

Es gibt Neues und Aufregendes zu entdecken über ein Thema, von dem wir denken, schon alles zu wissen. Einiges wird gerade erforscht, vieles können Studien heute schon belegen. Ich werde dir zunächst einen Einblick in interessante Aspekte der aktuellen Stressforschung geben und beleuchten, welche Bedeutung sie für unser Leben hat. Du bekommst dann eine Methode an die Hand, dich mental, emotional und physisch von alten und aktuellen Stressbelastungen aus der Tiefe heraus zu befreien. Du wirst feststellen, wie unglaublich eng der Körper mit dem Gehirn verstrickt ist. Nicht nur der Kopf steuert dabei den Körper, auch der Körper hat eine eigene Sprache, die uns unbewusst lenkt. Die Ergebnisse meiner Praxis sind so erstaunlich und einleuchtend zugleich, dass du jederzeit und überall, spielerisch und leicht die Erfahrung machen kannst, loszulassen und dich dem Leben anzuvertrauen. Bist du bereit, die Fesseln der Angst zu lösen? Dann lass uns beginnen, dieses interessante Erleben, das wir »Stress« nennen, auf Herz und Nieren zu prüfen. Wo kommt es her? Was will es? Und wieso hat heute jeder Stress?

Stress ist magisch

Keine andere Zeit war für die Stressforschung jemals so interessant wie das Heute, denn nicht nur sind die Leute so gestresst wie nie zuvor – niemals bisher konnte durch zahlreiche bildgebende Verfahren so viel in unseren Hirnen sichtbar gemacht werden. Fragst du erfahrene Stressforscher, Biologen, Psychologen, dann wünschen sie sich, noch mal jung zu sein, um mit den heutigen Methoden studieren, experimentieren und sich austauschen zu können. Mit dem Fortschritt der technischen Möglichkeiten stehen wir jedoch umso mehr vor Rätseln. Wir können uns selbst beim Denken zusehen. Wir erkennen, welche Hirnareale aufleuchten, wenn wir denken; was sich im Körper verändert, wenn wir Ja oder Nein sagen oder emphatisch sind. Aber wo kommen die Gedanken her, die den ganzen Stress erzeugen? Was ist Bewusstsein? Und wieso haben die einen Stress und die anderen empfinden in genau derselben Situation Ekstase? Wieso werden die einen krank und die anderen noch resilienter? Man könnte meinen, da ist ein Houdini am Werk!

Der Stressbegriff ist geradezu magisch aufgeladen und so verstrickt, dass wir ihn wie eine Zwiebel häuten müssen, um zum Kern zu kommen. Irgendwie ist doch heute alles Stress. Schon Kinder haben Stress in der Schule, Eltern mit den Kindern, alle miteinander im Büro und Beziehungen sind sowieso stressig. Alleinsein aber auch. Jeder hat so seine Meinung und Einstellung zum Stress – aber ist das wirklich eine eigene oder gibt es so etwas wie eine kollektive Grundidee? Und wo kommt die her? Lass uns einen Versuch wagen:

Mind-Shift

Lerne deine eigene Stresseinstellung kennen!
Bevor du weiterliest, nimm dir einen Moment Zeit,
diese Frage intuitiv für dich zu beantworten:
Was glaubst du, schadet Stress deiner Gesundheit?

Es gibt nur zwei mögliche Antworten: ja oder nein.
Zu welcher Antwort zieht es dich eher hin?
Es ist ganz klar, dass jeder von uns auch
Argumente für die gegenteilige Meinung finden kann,
aber in der Grundtendenz haben wir doch
eine bestimmte Idee. Unentschieden gibt es nicht.
Wohin tendierst du?

Schadet Stress der Gesundheit? Wer diese Frage mit Ja beantwortet, ist nicht allein – die Mehrzahl der Menschen heute glaubt das. Aber ist das wirklich wahr? Wir alle kennen Stress und jeder warnt vor zu viel Stress. Ich möchte mit dir einmal ganz anders über etwas nachdenken, was zu einem normalen Phänomen unserer Zeit geworden ist: Stress ist nicht böse. Die Stressreaktion selbst schadet uns nicht. Nur unsere Bewertung, dass Stress uns schadet, ist schädlich.

Diese Aussagen sind so außerhalb von dem, was wir verinnerlicht haben, dass sie kaum vorstellbar sind. Wird uns nicht überall eingeimpft, wie böse Stress ist? Ich lade dich nun ein, das Experiment mit mir weiter fortzuführen: Kannst du dir für einen Moment vorstellen, wie es wäre, wenn wir alle plötzlich nicht mehr daran glauben würden? Wir haben für einen Moment eine »Stress ist schlecht für dich«-Amnesie und entsprechende Gedanken kommen uns einfach nicht mehr in den Sinn. Vielmehr glauben wir jetzt, dass Stress uns unterstützt und in unsere Kraft bringt, und mit jeder Stressreaktion wird die nötige Entspannung frei Haus mitgeliefert. Hinterher sind wir stärker und resistenter als je zuvor. Wie sähe dein Leben jetzt aus? Wie verändert sich dein Körpergefühl, wenn du das denkst? Verändert es sich überhaupt? Das Spüren des Körpers ist sehr wichtig für die Veränderung von stressigen Mustern. Deswegen werde ich dich immer wieder dazu anregen. Sobald du eine multisensorische Erfahrung machst, hinterlässt das Erlebte eine Spur in deinem Körpergedächtnis.

Fakt ist: Wir wissen noch lange nicht alles über Stress. Vieles von dem, was wir zu wissen glauben, hat sich schlicht als falsch herausgestellt und die aktuelle Forschung kann belegen, dass es ganz anders ist. Wie reagierst du, wenn du hörst, dass nicht der Stress uns belastet, sondern in erster Linie unsere Einstellung zum Stress?

Wissenschaftliche Erkenntnisse aus der Psychologie, Stress- und Hirnforschung sind für die Erfahrungsebene in diesem Buch besonders spannend und deuten in diese Richtung. Was wir glauben und erwarten, bestimmt, wie wir auf Stress reagieren. Wenn wir neue Gedanken über Stress formulieren und glauben, verändert sich unsere Stressreaktion. Interventionen von wenigen Minuten genügen, um langfristige Veränderungen in unserem Stresserleben zu bewirken. Hört sich verrückt an, oder? Könnte es sein, dass Stress gar nicht zwangsläufig krank macht? Könnte es sogar sein, dass Menschen, die ein intensives Leben führen, gesünder, resistenter und länger leben?

Und wusstest du, dass du wie Tiere einen eingebauten Mechanismus hast, der dir ermöglicht, physisch Hochspannung zu entladen. Eine Stressantwort, von der die Allgemeinheit gar nicht weiß, dass es sie gibt – so sehr haben wir uns von der natürlichen Körperlichkeit entfernt! Du wirst es so lange nicht glauben, bis du selbst die Erfahrung gemacht hast. Es ist eine autonome Stressantwort, die wir unterdrücken. Dabei können wir diesen Mechanismus mental an- und ausschalten, genauso wie wir einen Schalter oder Hebel bedienen. Wir haben ihn schlicht vergessen. Diese Stresslösung stelle ich dir im 4. Kapitel vor. Du darfst dich auf eine unglaubliche Entdeckung gefasst machen! Wie wäre es also, wenn du in sehr kurzer Zeit umdenken und spätestens, wenn du dieses Buch gelesen hast, deine Stressreaktion für immer in eine neue Erfahrung überführen könntest? Diesen Fragen möchte ich mit dir nachgehen. Die aktuelle Stressforschung ist aufregend und für uns heute besonders interessant, weil sie das Zeug dazu besitzt, eine schwere Bürde von uns zu nehmen: den Mythos Stress, der uns zusätzlich zu dem, was das Leben ohnehin schon an schwierigen Momenten mit sich bringt, auch noch schwer belastet.

Die vielköpfige Hydra oder der Versuch einer Definition

Wieso Mythos Stress? Zunächst einmal gibt es keine klare Definition von »Stress«. Stress ist eine wundersame Chimäre, die magisch aus dem Nichts auftauchen und, insbesondere wenn du den simplen Anregungen aus diesem Buch folgst, genauso schnell wieder verschwinden kann. Stressforscher meinen Stress an der Anwesenheit bestimmter Biochemikalien im Körper zu erkennen: Adrenalin und Cortisol sind das untrügliche Zeichen dafür, dass der Mensch in einem erhöhten Erregungsmodus ist. Aber ob du wirklich Stress empfindest oder gerade ekstatisch glücklich bist, hängt allein von deiner Beurteilung ab. Wenn du Extremsport liebst, wirst du einen Fallschirmsprung eher als Freude erleben, während ein anderer Mensch sich vor Angst in die Hose machen könnte. Die einen stärkt Stress, er treibt sie zu Höchstleistungen an, die anderen finden sich in Burnout-Kliniken wieder. Auf der einen Seite stressen sich Menschen in Jobs, auf die sie keine Lust haben, um Geld zu verdienen, das sie nicht glücklich macht, und bekommen Kinder, für die sie keine Zeit haben. Blicken wir andererseits auf stressige Episoden im Leben zurück, dann sind dies oft Zeiten, in denen wir unendlich viel über uns selbst gelernt haben. Wie sehr hat er gelitten, als seine Partnerin ihn verließ, und wie oft blickt er zurück und denkt: »Gott, bin ich froh, dass der Kelch an mir vorbeigegangen ist und ich eine völlig neue Lebensweise für mich entdecken durfte.« Es sind die Krisen, an denen wir wachsen und durch die wir zu uns selbst finden. Je tiefer wir in die menschlichen Abgründe getaucht und je bewusster wir unseren größten Ängsten begegnet sind, umso befreiter und glücklicher tauchen wir wieder auf.

Bis heute gibt es keine eindeutige, dafür jedoch viele interessante Definitionen des Stressbegriffs. Eine der schönsten, weil einfachsten Beschreibungen, die ich bei meiner Recherche gefunden habe, kommt von der amerikanischen Stressforscherin Kelly McGonigal: »Stress ist das, was wir erleben, wenn etwas, was uns wichtig ist, in Gefahr ist.«[1] Das trifft 100 Prozent zu. Aber auch nicht so ganz! Denn Stress erleben wir schon, wenn wir nur glauben, etwas sei in Gefahr – auch wenn das gar nicht der Realität entspricht. Stress ist also auch die Reaktion auf Gedanken, denen wir Glauben schenken. Noch schöner ist daher die Definition, die uns die deutsche Neurowissenschaftlerin und Meditationsforscherin Britta Hölzel anbietet: »Stress ist das Gefühl, dass die Ressourcen, die wir zur Verfügung haben, nicht ausreichen.« Diese Beschreibung deutet bereits darauf hin, dass die Sache eine subjektive Angelegenheit ist und wir es hier mit der sehr persönlichen Bewertung einer Situation zu tun haben. Die eigenen Erwartungen und Vorstellungen sind wesentlich dafür, wie wir eine Situation wahrnehmen.

Wenn wir von Stress sprechen, meinen wir eine physische oder psychische Reaktion des Menschen auf einen Reiz, gleichzeitig meint dieser Begriff den daraus resultierenden Belastungszustand. Genau genommen bezeichnet das Wort Stress damit einfach alles, was das Leben betrifft. Denn wann reagieren wir nicht mehr auf einen Reiz? Richtig, wenn wir tot sind! Wenn aber *alles* Stress sein kann, dann kann es keine eindeutige Definition geben. Und so definiert sich jede Disziplin etwas Passendes zurecht.

Stress und Glauben – eine explosive Beziehung

Landläufig wird angenommen, dass Stress auf Dauer schädlich ist. Dieser Schluss ist zulässig – in einigen Fällen. Und dann gibt es heute zunehmend Studienergebnisse, die das absolute Gegenteil belegen: Stress ist förderlich, er wappnet das Immunsystem, weil er die Zellerneuerung aktiviert, wichtige Proteine aufbaut und letztendlich den Körper stärker und gesünder macht. Die Stresserfahrung macht uns mental widerstandfähiger, stärkt unsere Beziehungen, wirkt sich sinngebend und lebensbejahend aus.[2] Lange Zeit wurde behauptet, Stress verenge die Blutgefäße, sodass viele Kreislauferkrankungen darauf zurückgeführt werden. Neue Forschungen belegen jedoch auch, dass die Adern sich nur bei denen verengen, die glauben, Stress sei schädlich. Wenn wir allerdings der festen Überzeugung sind, dass Stress uns unterstützt und in schwierigen Situationen Kraft gibt, dann bleiben die Adern weit offen. Das Herz klopft weiterhin, jedoch ähnelt unser Erleben dann mehr dem Empfinden von Freude, Neugier und Mut. Zudem schüttet die Hirnanhangdrüse das als »Kuschelhormon« bekannte Oxytocin aus. Oxytocin motiviert uns, die Nähe und die Umarmung anderer Menschen zu suchen. Unser Herz wiederum hat Rezeptoren für Oxytocin, das seinerseits den Herzzellen bei der Regeneration hilft. Hier liefert die Stressreaktion die Entspannung direkt mit und stärkt obendrein unser Herz!

Eine repräsentative, US-amerikanische Studie hat die Beziehung zwischen Stress und dem Glauben, dass Stress gesundheitsschädlich sei, untersucht.[3] Die Ergebnisse sind so frappierend, dass es sich lohnt, genauer hinzuschauen. 1998 wurden 30 000 Erwachsene befragt: Hatten Sie in den letzten zwölf Monaten viel, moderaten oder wenig Stress? Und glauben Sie, dass Stress Ihrer Gesundheit schadet? Acht Jahre lang haben Forscher diese Angaben mit den Sterberegistern verglichen und herausgefunden, dass sich bei den Menschen, die viel Stress hatten, das vorzeitige Sterberisiko um 43 Prozent erhöhte – aber nur dann, wenn sie auch glaubten, Stress würde ihre Gesundheit negativ beeinflussen. Die Menschen, die berichtet hatten, unter hohem Stress zu leben, und nicht auf die Idee kamen, dass er ihnen schaden könnte, hatten die niedrigste Sterberate. Niedriger noch als diejenigen, die angaben, unter wenig Stress zu leiden. Wenn die daraus resultierende Schätzung der Forscher korrekt ist, könnte das bedeuten, dass im Zeitraum der Studie 20 231 Amerikaner vorzeitig gestorben sind, weil sie mit der Einstellung »Stress ist böse!« lebten. Kann es sein, dass unsere innere Haltung und Überzeugung so gravierend Einfluss auf unser Leben und Sterben nehmen? Und wie entwickeln wir solche Einstellungen?

Unterbewusste Einstellungen bestimmen unsere Erfahrung

In der Psychologie ist eine Einstellung (Mindset) eine tiefe, unbewusste, innere Haltung, die all unser Denken, Fühlen und Handeln beeinflusst. Wie eine Linse, durch die wir schauen, die uns eine bestimmte Perspektive vorgaukelt und uns Orientierung gibt. Sie ist nicht immer freundlich und dennoch sind wir ganz sicher, dass die Welt genauso aussieht, wie sie uns durch diese Linse erscheint. Wir reduzieren damit die unendlich vielen Interpretationsmöglichkeiten der Wirklichkeit in jedem einzelnen Moment unseres Lebens auf ein verträgliches Maß.

Einstellungen entwickeln wir durch einschneidende Erlebnisse, sogenannte Metaerfahrungen, zumeist in der frühen Kindheit. Durch die Wiederholung solcher Erfahrungen formen sich tiefe Überzeugungen, die wir in unserem Frontalhirn abspeichern. Jetzt ist die feste Überzeugung verkörpert und zu unserer »Wahrheit« geworden. Einstellungen legen unsere Werte fest, das, was wir gut oder schlecht finden. Das ist wichtig, damit wir nicht jeden Moment im Leben neu bewerten müssen. Es spart Energie. Gleichzeitig gehen wir zwangsläufig mit einem Raster durchs

Leben, durch das viel Wertvolles verloren geht. Nicht immer sehen wir den Menschen vor uns, sondern meist nur das, was unsere Einstellung uns zu sehen erlaubt. Wie ein Autopilot lenken uns die Einstellungen aus der Tiefe heraus, bestimmen, wie wir mit aktuellen Situationen umgehen, wie wir entscheiden und die Welt verstehen.

Einstellungen werden regelmäßig durch Bemerkungen oder Erinnerungen aktiviert und laden eine Reihe von Gedanken und Emotionen und damit verbundene Handlungen ein. Sie sind schwer zu greifen, denn jeder von uns ist blind für seine eigenen Einstellungen – diese Blindheit ist ihr besonderes Merkmal. Wir wissen nicht, dass wir eine sehr getrübte Sicht auf die Welt haben. Geraten wir in eine Situation, mit der wir eine alte Kindheitserfahrung verbinden, springt sofort der Autopilot an und bietet uns dieselben Lösungen an, die wir als Kleinkinder verinnerlicht und verkörpert haben. Deswegen erinnern manche mühseligen Meetings im Büro auch an im Sandkasten spielende Kinder nach dem Motto: »Der hat meine Schippe geklaut, dem mache ich jetzt die Burg kaputt!«. Schaffen wir es, uns dieser Einstellungen bewusst zu werden, beginnt ein Transformationsprozess, der kaum noch aufzuhalten ist. Es ist so, als würden wir im Keller das Licht anmachen. Die Dunkelheit kann uns dann keine Angst mehr machen. Liebe Leserin, lieber Leser, wir sind mittendrin in diesem Prozess der Bewusstwerdung!

Liebst du Chilichips? Vorlieben versus Einstellungen

Eine Einstellung ist mehr als eine Vorliebe. Meine zwölfjährige Tochter hat eine Vorliebe für Chilichips. Diese Vorliebe wird ihr Leben nicht sonderlich beeinflussen, egal wie stark ihre Präferenz ist. Da sie aber ein Sandwichkind ist und die Erfahrung macht, dass der kleine Bruder mehr Aufmerksamkeit und Zeit von den Eltern bekommt, während die ältere Schwester sich regelmäßig durchsetzen kann, könnte es sein, dass sich in ihrem Frontalhirn

die Einstellungen verdichtet: »Ich brauche mehr Zeit/Aufmerk-
samkeit«, »Ich muss kämpfen und mich durchsetzen« oder »Ich
werde nicht gesehen«. Das wäre in meinen Augen als Mutter nicht
wahr. Dennoch liegt es nicht in meiner Hand, welche Metaerfah-
rung sie für sich als mittleres Kind abspeichert und wie sie später
damit durch ihr Leben geht, welche Entscheidungen sie aus diesen Einstellungen heraus trifft, welche Beziehungen sie eingeht
und welche Rollen sie im sozialen Gefüge einnimmt.

Einstellungen beeinflussen die Berufs- und die Partnerwahl und
erscheinen manchmal wie ein Charakterzug. Selbst Geschwister,
die mit denselben Eltern, in den gleichen finanziellen Verhältnis-
sen, mit identischen Bildungsmöglichkeiten und Schicksalsschlä-
gen aufwachsen, werden immer eine eigene Wahrnehmung beziehungsweise Wahrheit haben, wenn sie ihr Leben beschreiben. Ein
Kind könnte von seinem Leben auf dem Ponyhof berichten, sein
Zwilling von einer dysfunktionalen Familie. Einstellungen kommen nicht aus heiterem Himmel, sind nicht genetisch codiert,
sondern von uns gewählt, weil sie etwas schaffen, was Psychologen »Kohärenz« nennen.[4] Sie haben uns damals einen Sinn gegeben, eine einfache Lösung dafür, wie wir die Welt verstehen können. Wir mussten uns nicht weiter mit bestimmten Problemen
auseinandersetzen. Auch wenn die Einstellung uns hemmt und
blockiert, uns in schwierige Beziehungen und Situationen manö-
vriert, so war sie doch eine Lösung. Einstellungen sind Überlebensstrategien und haben dafür gesorgt, dass wir durchkommen. Jeder
von uns hat solche Einstellungen, und sie funktionieren sehr gut.
Die beste Nachricht nun ist:

*Wir können das Leben nicht kontrollieren, aber wir können un-
sere Einstellungen verändern! Sogar verhältnismäßig leicht und
schnell.*

In drei Minuten eine Stresseinstellung ändern!

Wie tiefgreifend, einfach und direkt eine Einstellung verändert werden kann, hat die Stanford-Psychologin Alia Crum mit der Unterstützung von 84 Zimmermädchen bewiesen.[5] Wir würden sagen, diese Frauen haben einen körperlich anstrengenden Beruf, sie sind den ganzen Tag auf den Beinen und beanspruchen viele unterschiedliche Muskeln bei der Arbeit. Interessanterweise sahen die Frauen das anders. Zwei Drittel von ihnen gaben bei der ersten Befragung an, kein regelmäßiges Körpertraining durchzuführen. Viele behaupteten sogar, in ihrem Leben überhaupt keinen Sport zu machen. Würde es gelingen, die Einstellung dieser Frauen zu ihrer Arbeit zu verändern? Und, wenn ja, könnte das einen Effekt auf ihren Körper haben?

Die Frauen wurden in zwei Gruppen aufgeteilt, und verschiedene Marker wie Gewicht, Blutdruck, Körperfett und die Zufriedenheit mit ihrem Beruf wurden festgehalten. Eine Hälfte der Frauen erhielt eine simple Intervention, die ganze 15 Minuten dauerte und erklärte, warum ihre Arbeit ein hervorragendes und relevantes Workout sei. Die andere Hälfte der Gruppe bekam keine Präsentation. Nach vier Wochen wurde wieder gemessen. In der Gruppe, die keine Intervention bekommen hatte, hatte sich – wenig verwunderlich – nichts verändert. Die Frauen der anderen Gruppe allerdings hatten signifikant ihren Blutdruck verbessert, an Gewicht verloren, Körperfett reduziert, und sie mochten sogar ihren Job lieber als zuvor. Eine 15-minütige Präsentation mit solchen Auswirkungen!

»Können wir das auch mit Stresseinstellungen tun?«, fragten sich die Forscher und machten sich ans Werk. Bevor wir uns anschauen, wie die Wissenschaftler die Einstellungen der Probanden änderten, erinnere dich an deine Antwort auf meine zu Beginn gestellte Frage: Was glaubst du, schadet Stress deiner Gesundheit? Welche Einstellung entspricht mehr deinen Überzeugungen von Stress oder hat deinen Überzeugungen mehr entsprochen, bevor du dieses Buch in die Hand genommen hast?

1. **Stress belastet:** *Stress ist doof, böse, gesundheitsschädlich, verhindernd, blockierend, negativ, kann tödlich enden und muss unter allen Umständen vermieden werden.*
2. **Stress fördert:** *Stress ist gut, gibt Energie, stärkt die Performance und die Produktivität, härtet ab, macht stärker und gesünder, ermöglicht Wachstum, ist positiv und sollte genutzt werden.*

Jeder von uns hat im Laufe seines Lebens eine tiefgreifende Überzeugung zu Stress entwickelt, die ihn unterbewusst lenkt. Wir sind blind für unsere Überzeugung, reagieren aber entsprechend. Die Stresseinstellung spielt eine dramatische Rolle in der Entwicklung von Gesundheit und Wohlbefinden.[6] Wenn du so wie die meisten Menschen geantwortet hast, stimmtest du der negativen Einstellung zu – auch wenn du durchaus die ein oder andere Wahrheit im Positiven von Stress finden kannst. Das ist nicht verwunderlich, wenn wir bedenken, wie wir in unserem Alltag von »Stress ist schlecht für dich«-Nachrichten durchdrungen werden.

Wenn du dich mehr dem negativen Stressbild zugehörig fühlst, wirst du natürlich eher versuchen, Stress zu vermeiden. Du wirst eher Alkohol oder andere Substanzen zu dir nehmen, um dem Stress zu entfliehen. Außerdem ziehst du dich eher aus Beziehungen, Positionen und Situationen heraus, als dich mit ihnen auseinanderzusetzen.

Glaubst du dagegen eher an das Positive im Stress, kannst du schwierige und konfliktreiche Situationen eher akzeptieren. Du entwickelst früher konstruktive Strategien und suchst dir Unterstützung und Rat von außen. Du gehst proaktiv vor und bist eher geneigt, die Situation zu verändern oder zu überwinden. Du versuchst, das Beste aus der Situation zu machen und siehst in ihr eine Gelegenheit zum Wachsen. Du findest einen Sinn darin –

und diese Sinnstiftung ist ein wesentlicher und hilfreicher Aspekt der Umwandlung einer negativen in eine positive Stresseinstellung. Deswegen ist es ungeheuer vorteilhaft, all die positiven Aspekte einer stressigen Situation wahrzunehmen. Kannst du einen Sinn selbst im »Wahnsinn« finden, wirst du weniger Angst vor der Situation haben und sie eher als Herausforderung ansehen können. Finde Gründe, die für dich Gültigkeit haben! Es gibt sie – immer! Manchmal sind es so kleine Dinge wie der erwähnte Buchtitel von Charles Bukowski *You get so alone at times, that it just makes sense*, der deinem Leben Sinnhaftigkeit einhaucht.

Mind-Shift

Was ist aktuell dein größter Stress?
In schwierigen Lebenssituationen ist es außerordentlich hilfreich, sich zu fragen:
- *Was sind die positiven Aspekte der stressigen Situation?*
- *Was lernst du gerade?*
- *In welcher Art hast du dich durch etwas Schwieriges bereits zum Positiven verändert?*
- *Fühlst du dich stärker, verbundener, erfahrener …?*

Wie verändern Forscher die Stresseinstellung?

Sie machen es sehr einfach und direkt. Sie sagen: Stress ist gut für dich! Punkt. Dann erklären sie, warum das so ist, so wie ich dir von den positiven Aspekten von Stress erzählt habe. Die Probanden müssen nicht ausgetrickst werden, damit es wirkt.

Alia Crum, Peter Salovey und Shawn Achor haben die Stresseinstellung einer Gruppe von 300 Mitarbeitern eines Unternehmens innerhalb von Minuten verändert.[7] Nach der Finanzkrise 2008 sollten 10 Prozent der Mitarbeiter entlassen werden. Die Menschen waren überarbeitet und gestresst. Die Wissenschaftler haben den Leuten nun dreiminütige Videos gezeigt. Eine Hälfte der Gruppe sah ein Video, das erklärte, warum Stress positiv ist, die andere Hälfte der Gruppe sah das gegenteilige Video. Die Fakten in beiden Videos waren korrekt, allerdings entweder dem positiven oder negativen Stressbild zugeordnet.

Die Ergebnisse waren abermals zum Augenreiben: Die Menschen, die das positive Stressvideo gesehen haben, zeigten im Laufe der Studie weniger gesundheitliche Beschwerden, hatten weniger Verspannungen und Rückenschmerzen, konnten besser schlafen, gleichzeitig waren ihre Leistungsfähigkeit und Leistungsbereitschaft gegenüber der anderen Gruppe gestiegen. Durch eine Intervention von drei Minuten!

Aber wir müssen gar nicht manipuliert werden, indem wir nur die halbe Wahrheit über Stress erfahren. Viel wichtiger ist, dass wir die verschiedenen Perspektiven von Stress kennenlernen und im nächsten Schritt trainieren, eine mehr unterstützende Einstellung für uns zu wählen.

Wesentlich in der Umwandlung einer Einstellung ist
1. das Wahrnehmen der Situation,
2. das Erlauben und Willkommenheißen und
3. das Nutzen der zur Verfügung gestellten Energie – statt gegen
   sie zu kämpfen oder sie zu unterdrücken.

Wir wollen Stress weder managen noch negieren. Wie genau wir das tun können, entwickeln wir nun gemeinsam. Wie das Hirn mit dem Körper zusammenarbeitet, beschreiben Forscher so: Stell dir vor, du bist ein Skifahrer und schaust einen tiefen, eisigen Abhang hinunter. Hier musst du runter, denn es gibt keinen anderen Weg. Egal wie gut oder schlecht du skifährst, diese Situation dürfte wohl eine gewisse Erregung in dir hervorrufen. Erfahrene Skifahrer erleben eher eine freudige Herausforderung, weil sie glauben, sie können die Situation handeln. Anfänger erleben Furcht, weil sie glauben, die Anforderung geht über die eigenen Fähigkeiten hinaus. Der Körper reagiert auf diese Einstellung: Die Skifahrer, die sich auf die Herausforderung freuen, erleben eine verbesserte Leistungsfähigkeit des Herzens, und ihre Blutgefäße bleiben erweitert. Der Körper stellt sich darauf ein, eine Höchstleistung abzuliefern. Während das Gegenteil eintrifft, wenn wir von einer Niederlage ausgehen. Dann bereitet sich der Körper auf die Pleite vor. Die Blutgefäße verengen sich. Der Körper produziert Entzündungsstoffe, um eventuelle Wunden zu heilen. Wir fühlen uns bedroht.[8] Doch noch ist nichts passiert. Wir stehen nur hier oben und schauen den Abhang hinunter. Deine Einstellung zu einer Situation bestimmt dramatisch, wie du dich fühlst und wie dein Körper reagiert. Und, wie du schon weißt: Die Einstellung kannst du verändern. Die Frage ist:

Mind-Shift

Siehst du neue, komplexe oder schwierige Situationen
als Herausforderung oder als Bedrohung an?
Welche der beiden Perspektiven nimmst du ein?
Spüre in dich hinein.

Wohlgemerkt: Es gibt keinen Berg und keinen Skihang. Das ist nur ein Bild für das, was in Kopf und Körper passiert, wenn wir glauben, vor einer Herausforderung zu stehen oder dieselbe Situation als Bedrohung bewerten. Freude oder Furcht? Das hängt in erster Linie von deiner unbewussten Einstellung zur stressigen Situation ab. Wie du bewusst zwischen den unterschiedlichen Stressantworten wechseln kannst, wollen wir uns jetzt genauer ansehen.

Stresstest!

Der Trier Social Stress Test (TSST) ist ein wissenschaftlich anerkanntes Testverfahren, bei dem beinahe garantiert Stresshormone ausgeschüttet werden. Die Probanden müssen eine kurze Rede halten und dann mündlich Matheaufgaben lösen. Angebliche Experten in weißen Kitteln sitzen vor ihnen, schauen gelangweilt auf die Uhr, lächeln nicht, nicken nicht und machen sich vernichtende Notizen, während sie den Kopf schütteln, stöhnen oder mit den Augen rollen. Manchmal unterbrechen die »Experten« den Redner, um ihm mitzuteilen, wie schlecht er ist: »Entschuldigung, diese Präsentation ist unsäglich!« Auch der anschließende Mathetest hat es in sich, denn egal wie schnell der Proband eine Aufgabe löst, für die Experten ist er immer zu langsam und wird angehalten, schneller zu rechnen. Die Aufgaben werden schwieriger, je besser der Getestete ist, und wer sich verrechnet, muss von vorn beginnen. Bei manchen Probanden wurden nach dem Test um 400 Prozent höhere Cortisolwerte gemessen!

Diesen Trier Social Stress Test hat ein Forscherteam um Jeremy Jamieson als Ausgangssituation für eine Stresseinstellungs-Intervention genutzt. Sie wollten herausfinden, was uns hilft, wenn wir keine Chance haben, uns durch ein Bier zu anästhesieren oder in die Südsee zu flüchten. Denn so ist es doch oft genug im Leben – es passiert, und wir haben keine Kontrolle darüber, so, wie wir das Wetter nicht kontrollieren können. Was aber können wir akut tun?, fragte sich Jamieson. Er veränderte daher nicht die Situation, er wollte vielmehr wissen, ob es möglich ist, die Art der

Stressantwort zu verwandeln. Wäre es möglich, aus einer gefühlten Bedrohung in eine gefühlte Herausforderung zu wechseln?

Er unterteilte die Probanden in drei Gruppen: Eine Gruppe bekam vor dem Stresstest eine Intervention, in der erklärt wurde, warum Stress gut für den Körper ist, die Aufmerksamkeit stärkt und die Leistung steigert: »Das Blut fließt jetzt zum Hirn und sorgt dafür, dass du genügend Energie zur Verfügung hast. Das bringt dich in deine Höchstform. Die Aufregung ist ein wichtiges Tool zur Maximierung deiner Performance. Die körperlichen Symptome wie Herzklopfen, Schweißhände oder die Veränderung der Atemfrequenz sind positiv und als unbedingt unterstützend zu bewerten…«[9] Alles wahre Aussagen, die zu den Merkmalen einer Herausforderung zählen. Dann wollte Jamieson sichergehen, dass nicht eine Intervention als solche eine Veränderung hervorruft, deswegen bekam die zweite Gruppe eine Placebointervention, die aus der schönen, aber unwirksamen Empfehlung bestand: »Ignoriere die Stresssymptome einfach – das ist der beste Weg, mit Stress umzugehen!« Die dritte Gruppe bekam keine Intervention.

Jamieson fand heraus, dass Stress nicht notwendigerweise schädlich ist und Menschen in der akuten Stressphase viel tun können, um die Situation zu ihrem Vorteil zu verwandeln: Probanden der ersten Gruppe konnten durch das Neubewerten der physiologischen Signale eine positive Stresseinstellung entwickeln. Sie haben den Forschern geglaubt und es geschafft, die körperlichen Symptome in der Stresssituation als gut und förderlich zu bewerten. Sie konnten daher tatsächlich eine andere Perspektive einnehmen und ihre Performance steigern. Außerdem wirkten sich ihre körperlichen Reaktionen positiver auf ihre Gesundheit aus. Es ist anzunehmen, dass diese Menschen am Ende des Tages auch widerstandsfähiger und glücklicher waren. Darauf deutet eine weitere Versuchsreihe hin, in der die Teilnehmer der ersten Gruppe direkt nach dem Test nachweislich schneller wieder entspannen und zur Ruhe kommen konnten. Sie blieben nicht so lange im Stressmodus hängen wie die Vertreter der beiden anderen Gruppen. Und weißt du was? Du kannst das auch! Du kannst proaktiv eine Bedrohung in eine Herausforderung verwandeln. Es ist genauso einfach wie wirkungsvoll: Werte die Signale deines Körpers neu! Auch wenn es erst einmal merkwürdig und ungewohnt klingt, probiere es aus!

Mind-Shift

Wenn dein Herz das nächste Mal klopft oder du dieses mulmige Gefühl hast, dann erinnere dich: Es ist dein Körper, der dich in Hochform bringen möchte! Alles in dir will dich gerade in deine Kraft bringen. Du musst die Symptome nicht bekämpfen. Freu dich, dass sie da sind! Jetzt ist die Zeit zu handeln, zu sprechen und in Aktion zu gehen. Jetzt bist du dran! Unabhängig vom Ausgang der Situation wirst du jetzt widerstandsfähiger, und dein Körper tut gerade alles dafür, dass du dein bestes Selbst nach vorn bringen kannst! Du stehst vor einer neuen Herausforderung, vor dem nächsten Sprung ins Vertrauen und in die Freiheit. Du entwickelst Mut, Freude und Neugier! Genieße das!

Bedrohung oder Herausforderung?

Der Geschäftsführerposten eines erfolgreichen deutschen Unternehmens ist zu vergeben. Jan, der seit 27 Jahren in dem Unternehmen arbeitet, wurde von oberster Stelle gefragt, ob er seinen Hut mit in den Ring werfen möchte. Er fühlt sich hin- und hergerissen. Auf der einen Seite weiß er, dass er das nötige Rüstzeug für die

Aufgabe hat. Auf der anderen Seite hält ihn etwas zurück, wofür er blind ist: seine unbewusste Einstellung zu der neuen Aufgabe. In unserem Coaching frage ich ihn: »Siehst du den Posten als Bedrohung oder als Herausforderung an?« Er spürt in sich hinein, nimmt eine unterschwellige Unruhe wahr und antwortet klar: »Bedrohung!« Er fühlt sich wie im Haifischbecken, sieht die Gesellschafter seines Unternehmens eher als Gegner an und geht von einer möglichen Niederlage aus. Aus dieser Perspektive traut er sich den Posten nicht zu und möchte ablehnen. Wer würde es ihm verübeln?

Um bei dem Skifahrerbild zu bleiben: Obwohl Jan ein Profi mit viel Erfahrung und dem nötigen Know-how ist, lässt ihn seine unbewusste Einstellung zum gefühlten Anfänger auf einer eisigen Piste werden. Er traut sich die Abfahrt nicht zu. Tatsächlich kann Jan in seiner Bedrohungsfantasie keine freie Entscheidung treffen. Sein unterschwelliger Berater ist die Angst. Seine Ablehnung ist eine Reaktion auf die eigene unbewusste Einstellung zu der Situation. Das Gefühl der Unruhe in seinem Bauch lässt ihn viele triftige Gründe finden, den Job nicht in Betracht zu ziehen. Er schaut durch die trübe »Anfängerbrille«. Erst als wir seine unbewussten Einstellungen an die Oberfläche bringen und aus verschiedenen Perspektiven untersuchen, kann er die Aufgabe auch als Herausforderung ansehen. Mir ist dabei nicht wichtig, ob er den Job annimmt oder nicht. Mir ist wichtig, dass er eine bewusstere Entscheidung treffen kann. Beide Szenarien, Sieg oder Niederlage, sind eine Fantasie, denn im Moment sitzt Jan auf meinem Stuhl und weiß nicht, was die Zukunft bringt.

Doch jetzt hat er nicht mehr den Drang, sich unbedingt zurückzuziehen. Er sieht die Gesellschafter nicht mehr nur als seine Feinde an, sondern kann in ihnen auch Unterstützer erkennen und daher ausbalancierter seine Entscheidung treffen. Jan kann sich jetzt gut in dem Posten des Geschäftsführers sehen und hat ein ganz anderes Empfinden, wenn er an die Aufgabe denkt. Er fühlt sich weiter, leichter und klarer. Jan ist offen für weitere Gespräche im Unternehmen.

Warum ein solch schneller Umschwung möglich ist? Die knappe Antwort ist: Wenn du dich bedroht fühlst, siehst du neben echten Hindernissen auch dort Gefahren, Feinde und Angreifer, wo keine sind. Du hast keine andere Wahl. An deiner Klarheit erkennst du, ob du wirklich noch nicht den Abhang runterkommen würdest oder ob du nur glaubst, noch nicht so weit zu sein. Dein Körper reagiert entsprechend. Fühlst du dich hin- und hergerissen, grübelst und bist unruhig, weißt nicht, was du tun sollst, dann bist du nicht klar und hast eine bedrückte Sicht auf dein Leben.

Genau jetzt ist Zeit für eine Tiefenentspannung! Halte für einen Moment deine Welt an. Stoppe innerlich. Komm zur Ruhe und erkenne, was dich hier gerade so verwirrt. Die meisten Menschen haben unbewusst eine negative Stresseinstellung und gleichen daher in akuten Situationen dem ängstlichen Skifahrer oder in unserem Fallbeispiel Jan, dessen Karriere von einem Tag auf den anderen eine große Wendung nahm, die er zunächst als bedrohlich empfand. Denn erst einmal war sie nur neu und anders als das, was er bisher kannte. Deswegen barg sie ein Risiko. Er musste erst innerlich das Bekannte verlassen und sich auf die Ungewissheit einlassen. Sein Empfinden, dieser gewisse »Kitzel«, der sich in so einer Phase mehr oder weniger stark in jedem von uns zeigen würde, ist ein ganz normales Erleben. Wir nehmen es immer dann wahr, wenn wir vor völlig neue Aufgaben oder Situationen im Leben gestellt werden. Fühlen wir uns bedroht, erleben wir Angst – und was passiert, wenn wir Angst empfinden? Wir wollen sie nicht wahrhaben, nicht spüren, wir drücken sie weg. Tiefenentspannung heißt, wir machen es jetzt anders: Du wirst still, benennst die Angst und erlaubst das Gefühl. Dann passiert etwas Wundervolles: Dein Erleben verändert sich. Denn kein Zustand ist von Dauer.

Du kannst nichts Neues erleben, wenn du nicht den Mut hast, die ausgetretenen Pfade zu verlassen. Das passiert erst einmal mental. Wagst du den kühnen Sprung in die neue Perspektive?

Schaffst du es, deine Bewertung der Situation aus einer anderen Perspektive zu betrachten oder dein physisches Erleben neu zu evaluieren, so veränderst du das komplette Zusammenspiel von Hirn und Körper. Du wirst selbstbewusster und hast mehr Vertrauen, auch wenn das Herz wie verrückt klopft. Du veränderst tatsächlich dein Leben!

Wie, keine Frauen?

Manche Dinge kommen erst spät in das kollektive Bewusstsein, und wenn sie dann da sind, ist schwer zu verstehen, warum es so lange gedauert hat. Erst Ende der 1990er-Jahre (!) ist zwei Frauen aufgefallen, dass die allermeisten Versuche und Stressstudien hauptsächlich an Männern und männlichen Tieren gemacht worden sind. Es war ein klassischer Aha-Effekt, ausgelöst durch eine lustige Bemerkung im Labor: Die Stressforscherinnen Laura Klein und Shelley Taylor bemerkten, dass männliche Kollegen sich verkriechen, wenn sie unter Hochdruck stehen, während Frauen anfangen, Kaffee zu kochen, das Labor zu putzen und die beste Freundin anrufen.[10] Es war nur ein Witz, aber er brachte sie zum Grübeln. Die Forscherinnen fanden heraus, dass fast 90 Prozent der Studien an Männern durchgeführt wurden, also die Hälfte der Menschheit beinahe keine Beachtung in der bisherigen Stressforschung gefunden hatte!

Eine eher den Frauen zugeschriebene Stressantwort wurde in der Wissenschaft bis dahin einfach komplett übersehen: das Kümmern und Anschließen (*tend and befriend response*). Die Forscherinnen vermuteten ursprünglich, es sei eine rein weibliche Stressantwort, doch mittlerweile ist klar: Männer können das auch!

In Stresssituationen wird eine Menge Oxytocin ausgeschüttet, das uns befähigt, auf andere Menschen zuzugehen. Es hat einen beruhigenden Effekt und sorgt dafür, dass du dich um andere kümmerst, soziale Kontakte knüpfst und stärkst. Es intensiviert Empathie und Intuition. Sind deine Oxytocinwerte hoch, bist du eher bereit, zu vertrauen und anderen zu helfen. Oxytocin puffert außerdem den Kampf- oder Fluchtreflex. Das »Kümmern und Anschließen« motiviert dich, Menschen und Gruppen zu beschützen und für sie zu sorgen. Wenn etwas Schlimmes passiert, dann denkst du zuerst an deine Kinder, Partner, Eltern, Freunde und Haustiere. Wenn dein Team, deine Firma, deine Peergroup gefühlt angegriffen werden und du sie verteidigst, dann machst du das aufgrund dieser Stressantwort. Du beschützt deinen Stamm.

Menschen, die in ihrer Kindheit eine langwierige Krankheit erlebt und das Kümmern und Sorgen besonders intensiv erfahren haben, werden auch im Erwachsenenalter eine starke Kümmern- und Anschließen-Antwort haben. Mein Exmann ist ein Prototyp für diese Stressantwort. Er wurde als Kind bei einem Unfall mit einem Golfwagen-Caddy durch auslaufende Batterieflüssigkeit so stark verletzt, dass er sich über viele Jahre etlichen schweren Operationen hat unterziehen müssen. Seine hauptsächliche Antwort auf Stress ist das Rückbesinnen auf Freunde und Familie, ein impulsives Kümmern und Anschließen – so wie er es in seiner Kindheit und Jugendzeit intensiv erlebt hat. Obwohl er in Kalifornien lebt, spüre ich diesen Reflex immer dann sehr deutlich, wenn furchterregende Dinge in den USA passieren. Dann vergewissert er sich, ob es mir in Köln gut geht.

Aber auch Männer mit besonders stark ausgeprägtem Kämpfergeist können urplötzlich in einen starken Kümmerermodus switchen, zum Beispiel wenn sie Väter werden. Diese Männer wirken dann plötzlich wie ausgetauscht. Andersherum habe ich es in meiner Praxis häufig mit beruflich erfolgreichen und viel beschäftigten Frauen zu tun, die den Job des Kümmerns und Anschließens ihren Männern überlassen.

Anders als gemeinhin angenommen stehen Männern wie Frauen diverse Arten mit Stress umzugehen zur Verfügung. Wir können Bedrohungen in Herausforderungen umwandeln, das Kümmern und Anschließen üben, und wenn uns ein Bär begegnet, rettet uns der viel zitierte Kampf- oder Fluchtreflex auf den nächsten Baum. Auch wenn biologisch und aus der eigenen Lebenserfahrung heraus eine bestimmte Stressantwort besonders stark verankert ist, kannst du zwischen allen wählen. Du hast die Wahl, die berufliche Situation neu zu bewerten, und wenn du dann nach Hause gehst und die Kinder dir den letzten Nerv rauben, switcht du besser in das Kümmern und Anschließen. Für die Begegnung mit dem Bären hat diese wunderbare Neuigkeit jedoch keine Bedeutung, denn Bären sind gute Kletterer.

Neuronale Plastizität oder Tony Marshall statt Mozart

Während wir vermutlich noch lange nicht in der Lage sein werden, genau zu erklären, wie die wundersame Verwandlung unserer Einstellungen vor sich geht, so gibt uns die Hirnforschung doch Hinweise darauf. Eine der bedeutenden Erkenntnisse jüngerer Zeit ist, dass Gehirne sich zeitlebens verändern. Diese Fähigkeit nennen Wissenschaftler »neuronale Plastizität«. Nach dem Motto *use it or lose it* passt sich unser Gehirn seiner Verwendung an und wird kontinuierlich durch uns, aber auch durch die Menschen, denen wir begegnen, und die Welt um uns herum geformt. Es ist noch gar nicht so lange her, da hieß es, dass es nach der Pubertät mental nur noch bergab geht. Wer bis dahin nicht richtig »programmiert« war, der hatte in der Lotterie des Lebens verloren. Da war dann leider nichts mehr zu machen. So dachten wir. Dieses falsche Wissen hat mich das eine oder andere Mal traurig gestimmt. Was hätte nicht alles aus mir werden können, wenn meine Eltern mir nur ab und an vorgelesen, mich ein wenig gefördert oder Mozart statt Tony Marshall auf den Plattenspieler gelegt hätten – nichts für ungut, Tony! Heute wissen wir: Nichts ist falscher als diese Annahme, und meine Eltern kann ich schon lange nicht mehr für den Zustand meines Hirns verantwortlich machen. Dank der Erfindung bildgebender Verfahren wissen wir heute, dass es nie zu spät ist, etwas Neues zu lernen oder neu zu beginnen. Neuronale Verknüpfungen können verstärkt und verdrahtet werden, wenn wir etwas tun, oder geschwächt und getrennt werden, wenn wir etwas lassen. Veränderungen in unserem Hirn manifestieren sich als Veränderungen in unseren Fähigkeiten. Machen wir neue Erfahrungen, stellen unsere Neuronen neue synaptische Verbindungen her und tauschen elektrochemische Informationen aus. Wiederholen wir die Erfahrung, verknüpfen sich die Synapsen stärker. Jeder neue Gedanke, jede neue Erfahrung bewirkt einen Veränderungsprozess.

Und das sogar auch allein kraft der Vorstellung. Der Hirnforscher Pascual-Leone konnte mithilfe der Magnetenzephalografie sichtbar machen, wie sich das Hirn durch Klavierspielen verändert.[11] Er ließ Probanden über fünf Wochen an fünf Tagen in der Woche jeweils zwei Stunden ein einfaches Klavierstück üben und fand anschließend heraus, dass die Hirnregionen, die für die Motorik der Fingerbewegungen zuständig sind, vergrößert waren. Eine andere Versuchsgruppe saß nur am Klavier. Sie spielte nicht, sondern stellte sich das Üben des Klavierstücks zwei Stunden lang vor. Was passierte? Die Übung hatte einen ähnlichen Effekt auf das Hirn wie die Übung der tatsächlich Spielenden! Dieselben die Motorik betreffenden Areale vergrößerten sich! Das ist die Macht unserer Vorstellung.

Der Dschungel aller Möglichkeiten

Unser Hirn ist ein bisschen wie ein Muskel, der trainiert werden kann, allein durch unsere Vorstellung – also durch mentales Training. Beginnen wir eine neue Sportart wie Basketball, treffen wir den Korb anfangs nicht sicher. Doch schon mit der Idee, etwas Neues anzufangen, hat das Hirn den Veränderungsprozess begonnen. Es baut einen Pfad durch den Dschungel aller Möglichkeiten – wir betreten neues Land. Wiederholen wir die Übung, beschleunigt sich die Kommunikation zwischen den Nervenzellen. Aus dem Pfad wird eine Straße und später dann eine vierspurige Autobahn. Jetzt können wir auch mit geschlossenen Augen einen Korb treffen: Wir verkörpern den Sport! Er ist uns in Fleisch und Blut übergegangen. Frag mal Dirk Nowitzki, wie oft er den Ball ins Körbchen geworfen hat, bevor er eine NBA-Legende wurde!

Wir wissen heute, dass wir durch tägliche Praxis nicht nur Meister einer Sportart, eines Handwerks, einer Kunst oder in einem Beruf werden können, sondern auch Meister über Qualitäten wie Mitgefühl, Freundschaft, Zusammengehörigkeit und Freude. Was brauchen wir dazu? Nowitzki hatte das Talent, aber auch den unbedingten Willen, es wieder und wieder zu tun. Diese zwei Qualitäten müssen vorhanden sein. Das Talent hast du! Denn Mitgefühl, Zusammengehörigkeit und Freude sind bestens im Menschen angelegt. Wenn jetzt noch der Wille zu regelmäßiger Praxis hinzukommt, dann bist du nicht mehr zu stoppen: Du wirst zum absurd gütigen Superhelden! Und du profitierst, denn du bist dann derjenige, der sich verbundener fühlt und obendrein spürbar glücklicher und gesünder ist – das ist nachgewiesen!

Kein Superheld fällt vom Himmel, aber jeder von uns ist bereits einer in seinem ureigenen Fachgebiet. Alle »praktizieren« jeden Tag – nur leider stärken wir häufig das Falsche: unsere unbewussten Einstellungen und Glaubenssätze, die uns daran hindern, ein glückliches und erfülltes Leben zu leben. Wir laufen immer wieder vor dieselben Wände und wundern uns jedes Mal darüber, obwohl die Tür schon immer auf der anderen Seite des Raumes war. Du hast bereits ein jahrelanges Training durchlaufen und bist richtig gut darin, unbewusst deine hinderlichen Einstellungen zu verstärken. Manche Menschen trainieren täglich ihre Sorgen und Bedrohungsszenarien, sie sind Superhelden des Problembewusstseins.

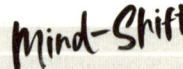

*Welche Eigenschaften und Qualitäten trainierst
du täglich (bewusst oder unbewusst) –
im Guten wie im Schlechten?*

Daueralarm

Das mentale Training ist besonders dann wichtig, wenn wir Daueralarm empfinden. Herumgrübeln, Unter-Spannung-Stehen, Nicht-Abschalten-Können, das kennt jeder. Manche erleben es in schwierigen Phasen ihres Lebens, für andere ist es Alltag. Manchmal hast du den Eindruck, dass nichts, was gesagt oder getan wird, helfen kann. Doch der Eindruck täuscht. Aus der Stressforschung wissen wir, dass die Dichte bestimmter Hirnareale bei Menschen, die gar nicht mehr aus der negativen Bewertung der Situation herauskommen, abnimmt und sie in der Folge ihre Impulse und Emotionen immer weniger kontrollieren und die Botschaften des Körpers nicht gut wahrnehmen können. Der subtile Alarm im Inneren wird in vielen Fällen gar nicht bemerkt, denn er ist der Normalzustand geworden. Wir leben dann in einer kontinuierlichen inneren Mobilmachung. Die Gedanken kreisen im Kopf und halten uns als Geisel gefangen. Unser Körper schüttet Stresshormone aus, die Muskeln sind angespannt, die Verdauung ist verlangsamt. Der Körper fordert uns fortlaufend zur Handlung auf. Wir haben einfach nicht gelernt, mit den Körpersignalen adäquat umzugehen. Wir tun doch schon alles, damit es endlich weggehen möge – das doofe Gefühl! Jedes Kleinkind weiß, was zu tun ist, wenn es sich geschnitten hat: Pflaster drauf! Aber was tun, wenn die Seele wehtut? Wie können wir die Gedanken endlich abschalten und zur Ruhe kommen? Befragen wir eine ausgewiesene Expertin auf diesem Gebiet.

Ich bin nicht meine Gedanken!

»Das ist ja der tägliche Irrtum!«, lacht die Neurowissenschaftlerin und Meditationsforscherin Britta Hölzel bei unserem Skype-Gespräch: »Wir sind nicht unsere Gedanken! Der erste wichtige Schritt ist, das zu erkennen. Die Schwierigkeit ist, dass wir stark mit unseren Gedanken identifiziert sind und das Gefühl haben, es müsste so sein, wie wir uns das vorstellen. Das bin ich, und das ist die Wahrheit – an der ich da rumgrübele. Wenn ich jedoch zu starr an meiner Erwartung, wie das Leben sein sollte, festhalte, erzeuge ich Stress. Die Dinge sind nun mal nicht so, wie wir sie gern hätten. Aber diese Vorstellungen, wie die Dinge sein müssten, erzeugen unheimlich viel Leid. Der Buddha spricht viel von *dukkha*, und *dukkha* kann auch mit ›Stress‹ übersetzt werden. Wir schaffen das Leid oder den Stress mit Anhaftung – wir wollen bestimmte Sachen haben – oder mit Vermeidung – wir wollen die Sachen nicht haben. Da gibt es einen einfachen Ausweg, und der heißt: Akzeptanz! Die Dinge sind so, wie sie sind. Manche Dinge kann ich ändern, andere kann ich nicht ändern. Die muss ich akzeptieren.«

Akzeptieren, denke ich, das ist oft nicht leicht. »Wie kann ich akzeptieren lernen?«, frage ich nach.

Britta Hölzel: »Der sinnvollste und einfachste Weg ist, wahrzunehmen und an sich selbst zu beobachten: Was hat das für Auswirkungen, wenn ich übermäßig an meinen Erwartungen festhänge? Wenn ich lerne, mit den Gefühlen in Kontakt zu sein, sie zu sehen und zu spüren und wahrzunehmen, dann mache ich über die Zeit die Erfahrung, dass es mir einfach nicht guttut, mich gegen die Welt aufzulehnen. Und je häufiger ich das bewusst am eigenen Leib erlebe, desto leichter wird es zu sagen: Vielleicht probiere ich mal was anderes aus. Vielleicht probiere ich mal aus, mich nicht aufzulehnen, sondern damit zu sein und damit zu sitzen. Da ist die Achtsamkeitspraxis schon super! Wo ist der Widerstand, was hat der für Folgen, und wie sehen die Dinge anders aus, wenn ich mal loslasse?«

»Warum machen wir Menschen es uns mit diesem ewigen Herumgrübeln so schwer?«

Britta Hölzel: »Tatsächlich sind wir als Menschen darauf programmiert, zu grübeln und in Gedankenschleifen zu gehen, und das ist auch das Wunderbare am Menschen! Wir haben die Fähigkeit vorwegzudenken, und damit erhöhen wir unsere Überlebenschance. Wir gehen davon aus, dass sich Grübeln evolutionär sinnvoll entwickelt hat. Wir können uns vorstellen: Was tue ich, wenn plötzlich der Tiger vor mir steht? Das hilft, weil wir vorbereitet sind, falls der Katastrophenfall eintreten sollte. Die schwierige Seite daran ist, dass wir oft unnötig dasitzen und uns überlegen, was alles passieren könnte, und uns damit unglücklich machen. Die Forschung zeigt, dass dieses kontinuierliche Grübeln mit depressiven Symptomen verbunden ist. Das Bewusstsein dafür, dass das nicht so sein muss, aber dass es auch ein Stück weit programmiert ist, finde ich total entlastend. Ich muss das nicht persönlich nehmen. Ich muss nicht denken, hier ist jetzt irgendwas falsch, dass ich in diesen Grübelschleifen hänge. Nein, wir Menschen sind so gebaut. Eigentlich versucht mein Körper, mein System oder mein Geist hier zu helfen. Mit diesem Bewusstsein komme ich schon in eine andere Position. Dann bin ich nicht so hilflos ausgeliefert. Ich kann sogar ein bisschen wertschätzend und dankbar dafür sein, dass eigentlich alles so funktioniert, wie es funktionieren soll. Ich muss mich nicht ärgern. Ich kann sagen: Ich habe es gemerkt, da war es wieder, und jetzt kann ich auch wieder aufhören und aussteigen, weil ich nicht identisch damit bin. Ich muss da nicht drinbleiben. Das ist eine Übungspraxis: wieder und wieder aussteigen.«

»Oft versuchen wir ja Lösungen zu finden, indem wir immerzu im Kreis denken und dieselbe Situation von allen Seiten betrachten. Können Sie mir aus wissenschaftlicher Perspektive ganz simpel erklären, warum das Aussteigen aus dem Gedankenkarussell sinnvoll für mich ist?«

Britta Hölzel: »Wir gehen häufig in gedankliche Lösungsschleifen: Wie kam es dazu? Wie komme ich hier schnell wieder raus? Wer ist schuld? Das ist eine typisch menschliche Strategie. Tatsächlich führt die gedankliche Beschäftigung zu einer leichten Abnahme der Anspannung, das heißt es gibt so eine irreführende, kurze Erleichterung mit diesen Grübeleien, aber letzten Endes bleibt das Arousal (die Erregung, BK) doch hoch. Das löst das Problem häufig nicht, weil wir inhaltlich immer noch mit der Sache beschäftigt sind. In der Forschung sehen wir, dass das Arousal auch wieder runterkommen kann, wenn wir uns zum eigenen Körper hinwenden und sagen: ›Ah, interessant, da ist Stress, da ist Angst. Das darf jetzt so sein.‹ Wir wissen, dass die Amygdala-Aktivierung dann schneller wieder nachlässt. Das Loslassen des Widerstands führt dazu, dass der Körper das tun kann, was er natürlicherweise tut. Der Körper ist ja so gebaut, dass er immer Wellen von Erfahrungen hat und ein Stresszustand nicht ewig aufrechterhalten bleibt. Mit dieser Akzeptanz, dem Loslassen und dem Damit-Sein gibt man dem Körper die Möglichkeit, auch wieder aus der Angst und dem Stress rauszukommen. Das kann man gut an sich selbst erfahren.«

»Gibt es da eine konkrete Übung, die jeder leicht machen kann?«

Britta Hölzel: »Ein Bodyscan ist super gegen Grübelschleifen. Yoga, Sport, zurück in den Körper kommen. Wenn wir uns auf den Körper konzentrieren, dann sind das einfach andere Schleifen im Gehirn. Wir steigen aus.«

»Sie haben Achtsamkeit und Meditation in Indien gelernt. Gab es da einen besonderen Moment? Vielleicht ein Erweckungserlebnis?«

Britta Hölzel lacht laut: »Nein, ich warte noch darauf! Meine Erfahrung war so ein Aha-Erleben darüber, dass wir nicht in diesen Aversionen, Vermeidungen und Anhaftungsmechanismen hängen müssen. Auch schon dieses Erleben, dass wir nicht die Gedanken sind, dass wir nicht die Inhalte unserer Erfahrung sind, sondern dass wir in einem Bewusstsein verweilen können, in dem das alles auftaucht und vergeht. Aber Erwachen würde ich nicht sagen.«

Vergangenheit, die in der Gegenwart wirkt

Nicht nur das tägliche Dauerfeuer in unseren Köpfen hält die Erregung in unserem Körper aufrecht. Es gibt auch Ursachen aus der Vergangenheit, die in der Gegenwart wirken: Bist du als Kind liebevoll und absichtslos berührt worden? Wurdest du gehalten, umarmt und geknuddelt? Auch die körperlichen Erfahrungen der Vergangenheit, was wir gefühlt und empfunden und wie wir uns bewegt haben, werden zu unserem Autopiloten-Programm. Das Gefühl von Sicherheit und Geborgenheit wird nicht jedem in die Wiege gelegt. Ein Mangel an sicherer und liebevoller Berührung und Zuwendung in der Kindheit hinterlässt Leerstellen im Körpergedächtnis. Psychologen und Körpertherapeuten sprechen von einem Körper- oder Leibgedächtnis, auch wenn dieses im Wesentlichen im zentralen Nervensystem verankert ist. Die Fähigkeit, sich fallen lassen zu können und sich in seinem Körper zu Hause zu fühlen, ist unbedingt notwendig für ein tiefes Wohlbefinden und für das Wiedererlangen des Gefühls von Sicherheit und echter Souveränität. Ist jemand geschmeidig in seinem Körper, ist er auch geschmeidig in seinem Leben.

Plastizität betrifft nicht nur die Veränderbarkeit von Hirnstrukturen, sondern auch die Veränderung von Hormonsystem, Verhaltensmustern und Körper. Wer Vertrauen nicht im Körper hat, kann schwerlich aus dem Hamsterrad aussteigen. Doch Plastizität heißt auch: Wir können das umkehren! Die Leerstellen im Körpergedächtnis aus der Vergangenheit kannst du in der Gegenwart wieder füllen. Tatsächlich können wir genau diese Hirnareale, die für die Verarbeitung der Emotionen und Körperwahrnehmung zuständig sind, wieder verdichten und stärken. Du kannst Vertrauen lernen – wie wir noch feststellen werden. Und: Es ist das Gegenteil von Stress.

Das menschliche Dilemma: Es ist nicht vorbei

Ein weiterer Grund, warum wir aus der Stressspur so schlecht herauskommen, rührt aus der besonderen Fähigkeit der menschlichen Spezies, sich selbst fortwährend und freiwillig zu traumatisieren. Ein wildes Tier erlebt Stress in dem Moment, in dem es vor seinem Angreifer flüchtet. Ist die Gefahrensituation jedoch überwunden, schüttelt es die überschüssige Anspannung ab und grast entspannt weiter. Es ist vorbei. Unsere Spezies dagegen setzt sich freiwillig fortwährend dem stressigen Erleben aus. Wir sind ein bisschen irre! Wir wissen, dass katastrophale Bilder einen traumatischen Effekt auf uns haben, dennoch sind wir live dabei: Flugzeugabstürze, Gewaltausbrüche, brennende Häuser… nicht ein Mal, sondern wieder und wieder in der Nachrichtendauerschleife über Smartphone, Internet und TV. Wir haben einen grenzenlosen Zugang zu allem Verstörenden, schauen uns obendrein beängstigende TV-Serien an und sind danach nur noch süchtiger nach dem Adrenalinkick. Das hat einen Effekt auf uns: Wir entwickeln unterschwellige Aggressionen. So lange, bis wir etwas anderes lernen, müssen wir mit diesen Emotionen, der übermächtigen Energie und dem körperlichen Druck irgendwie umgehen, ihn abwürgen, andere entwerten, uns betäuben.[12]

Dauerstress kreiert aggressive Energie, die wir in einer gesellschaftlich akzeptierten Weise anästhesieren. Was ist in unserer Kultur die sozial anerkannte Methode, mit aufgestauten Aggressionen umzugehen? Richtig! Wir ersäufen sie im Alkohol! Das berühmte Feierabendbier wird zum Lückenfüller für den ausgebliebenen Entspannungsprozess. Wir können uns unauffällig an jeder Ecke der Stadt betäuben, rauchen, shoppen, uns mit Arbeit zuballern oder exzessiv Sex haben – das beruhigt und wird nicht weiter hinterfragt. Jeder Typ Mensch findet seinen Weg, Ängste zu verschleiern.

Unsere Neurose zieht weite Kreise: Wir schimpfen über abgestumpfte Ärzte, Notfallpersonal, Pfleger, Sicherheitsleute, Polizisten, all die Berufe, in denen Menschen andauernd den Traumatisierten und dem Trauma ausgesetzt sind. Dabei verursachen wir das Dilemma selbst. Wir wissen, dass diese Berufe mit hundertprozentiger Gewissheit Trauma verursachen, und dennoch implementieren wir keine Maßnahmen, die für ein echtes Gleichgewicht sorgen. Ein körperorientierter Ansatz ist das sogenannte neurogene Zittern, das ich dir im vierten Kapitel vorstelle. Tiere machen es uns vor: Sie schütteln die überschüssige Spannung ab. Du hast diese sensationelle autonome Stressantwort auch, du weißt es nur noch nicht.

»I feel so lonely, I could die!«

Unsere Art zu leben führt dazu, dass wir uns – und zunehmend schon in jungen Jahren – einsam und nicht verbunden fühlen. Soziale Ängste stehen ganz oben auf der Verursacherliste von Stress. Menschen haben Angst vor der Beurteilung durch andere, sie fühlen sich abgehängt, isoliert, ziehen sich zurück, werden unter der Last der Einsamkeit eher krank und sterben früher. 2010 wurden Metaanalysen aus den USA, Europa und Asien mit mehr als 300 000 Teilnehmern veröffentlicht, die das große und bisher unterschätze Ausmaß der globalen Vereinsamung offenlegten.[13] Diese Studien wurden 2015 auf mehr als 3,4 Millionen Menschen ausgeweitet und lassen eine Art zukünftige Epidemie vermuten, die sich in alle Generationen schleicht. Soziale Ängste sind mentale Störungen, die somit über mentale Übungen verändert werden können. Je verbundener und eingebundener du dich fühlst, umso weniger Angst erlebst du. Es geht gerade nicht darum, geliked zu werden. Nicht die Frage: »Wie werde ich wahrgenommen?«, ist wichtig. Frage dich eher: »Wie werde ich wahr?« Echte soziale Netzwerke sind die Lösung.

Mind-Shift

- *Pflegst du Freundschaften und soziale Kontakte im echten Leben?*
- *Gibt es Menschen, mit denen du ehrlich über deine Gefühle, Sorgen, Ängste und Freuden sprechen kannst?*
- *Hast du eine Peergroup? Eine Gruppe von Gleichgesinnten, mit denen du dich austauschen kannst? Buchclub, Achtsamkeitsclub, Sportclub … Es gibt sie überall. Finde eine Gruppe, die zu dir passt. Es gibt auch Gruppen für Gruppenhasser.*

Empathie – oder Mitgefühl?

Wer jetzt nach mehr Empathie ruft, könnte sich verrennen. Empathie ist die Fähigkeit, die Gefühle anderer Menschen zu teilen. Versteh mich nicht falsch, Empathie ist wichtig und eine wunderbare menschliche Eigenschaft. Empathie kann uns glücklich machen, wir können uns für andere Menschen freuen. Wenn wir jedoch Leid sehen und empathisch sind, wird immer ein Teil der Schmerzmatrix im Gehirn aktiviert. Wir leiden mit. In der Folge ziehen wir uns eher zurück, kapseln uns ab oder betäuben uns. Stärken wir also die Empathie-Netzwerke in unserem Hirn, stärken wir im schlimmsten Fall unser eigenes Leiden und fördern unseren Rückzug aus der Gemeinschaft. Wenn die empathischen Netzwerke in einem Menschen besonders stark ausgeprägt sind, kann das zu leidigem Dauerstress führen. Empathischer Stress spielt eine wesentliche Rolle in Berufen, die mit dem Leid anderer Menschen konfrontiert sind. Wer kann es einer Ärztin verübeln, wenn sie irgendwann einmal die Schotten dicht macht?

Deswegen wollen wir das Mitgefühl schulen. Mitgefühl ist eine Fähigkeit, die sozusagen separat trainiert werden kann. Mitgefühl ist eine herzliche und Anteil nehmende Kraft und wird begleitet von dem Wunsch, anderen zu helfen. Es stärkt unser prosoziales Verhalten und das Gefühl von Zusammengehörigkeit. Wir fühlen nicht »mit« dem anderen, sondern »für« den anderen. Das ist ein großer Unterschied – nicht nur in deiner Lebensqualität, auch in deinem Hirn.

Mitgefühl macht uns besser

Die deutsche Neurowissenschaftlerin Tania Singer hat 2016 in einem noch nie dagewesenen Umfang mit 300 Teilnehmern über neun Monate hinweg untersucht, ob und wie Achtsamkeit und soziale Kompetenzen wie Mitgefühl und die Fähigkeit, Perspektiven anderer Menschen einnehmen zu können, trainiert werden können. Sie konnte nachweisen, dass sich das persönliche Erleben, Verhalten und Stressempfinden von Menschen durch mentales Training stark verändert.

Unterschiedliche Meditationen haben unterschiedliche Auswirkungen auf unser Hirn. Wird Mitgefühl trainiert, aktiviert das Mitgefühlsnetzwerk im Hirn Areale, die uns mit Fürsorge, Wärme und Liebe belohnen. Wir werden zu »besseren« Menschen, die sich verbunden fühlen und Verantwortung übernehmen. Zusammengehörigkeit und Verantwortung können nur durch mentale Veränderungen erreicht werden. Die Hardware für Mitgefühl und Zusammengehörigkeit wird durch bestimmte Meditationen stärker und größer. Genauso wie wir wissen und gelernt haben, dass Zähneputzen wichtig ist, wissen wir und müssen nun lernen, dass Mentaltraining wichtig ist – es ist sogar wichtiger als Zähneputzen!

Wir müssen solche Qualitäten lernen, sie in Schulfächern wie Mathematik und Sport beigebracht bekommen und auch als Erwachsene immer wieder üben. Wissenschaftsbasierte Programme sollten viel stärker in die Öffentlichkeit getragen werden, nicht nur mit dem Ziel der Stressreduktion oder der Performancesteigerung, fordert Singer. Sie arbeitet an der Lösung globaler Probleme und setzt sich für ein neues ökonomisches Denken ein. Sie fragt sich, wie wir globale Bürger werden können. Globale Bürger in einer Welt, in der wir uns derzeit trotz digitaler Vernetzung einsamer denn je fühlen. Wie können wir den Fremden als einen von uns erkennen?

Das Schulen von Mitgefühl und Zusammengehörigkeit ist auf der Mikroebene ein Weg aus dem Dauerstress, global kann es der Ausweg aus dem ökonomischen Ego-Denken sein. Daher arbeitet Singer an der Entwicklung eines neuen Modells – weg vom völlig überholten Homo oeconomicus hin zu Caring Economics.

Wie du ein absurd gütiger Superheld wirst!

Viele Menschen möchten etwas beitragen, die Welt ein bisschen besser machen, etwas Sinnvolles tun, anderen helfen, Frieden stiften… nur wie?! Nun, du kannst einen direkten Megabeitrag leisten! Eine der einfachsten und wirkungsvollsten Methoden ist das Üben der Metta-Meditation. Das ist eine buddhistische Meditation, die dein Hirn nachweislich verändert; sie wirkt unabhängig von der Religion. Positive Emotionen nehmen zu, deine Beziehungen verbessern sich, und du hast weniger körperliche Beschwerden. Du schulst Mitgefühl zunächst für dich selbst, dann wendest du dich deinen Mitmenschen zu. Du überwindest das »Anderssein« und schaffst einen geistigen Raum für Zusammengehörigkeit.

Nimm also den Superheldensitz ein und werde Teil einer großen und weltweit wachsenden Community. Das Bewusstsein dafür ist längst da, die Wirkung ist nachgewiesen, du bist kein einsamer Wolf in dieser Sache. Klink dich ein und unterstütze das Wachstum dieses Bewusstseins. Dein Beitrag zählt.

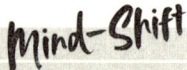

Werde ein absurd gütiger Superheld!

In der Metta-Meditation geht es darum, liebende Güte zunächst für dich selbst und dann für alle Lebewesen zu entwickeln. Sie dauert zehn bis 30 Minuten, je nachdem wie erfahren du bist und wie viel Zeit du hast.

Setz dich aufrecht und gemütlich hin. Vertiefe deine Atmung. Bringe den Fokus für etwa drei bis fünf Minuten auf das Ein- und Ausatmen. Genieße deinen Atem, bis du in eine süße Entspannung gleitest. Dein Verstand braucht etwas zu tun, also lass ihn den Atem begleiten. Spüre die Einatmung und sage innerlich: »Ich atme ein.« Spüre, dass du ausatmest und begleite das innerlich mit: »Ich atme aus.«

Sobald es etwas stiller in dir geworden ist, wende dich dir selbst zu und schaue auf dich wie jemand, der dich unglaublich lieb hat. Es hilft auch, an jemanden zu denken, den du sehr lieb hast und dich mit dieser Liebe dir selbst zuzuwenden. Sprich folgende Sätze:

- *»Möge ich sicher sein.«*
- *»Möge ich gesund sein.«*
- *»Möge ich glücklich und frei sein.«*

Meine, was du sagst! Du kannst die Sätze nacheinander sagen, du kannst jeden Satz aber auch ein paar Mal wiederholen, bevor du zum nächsten gehst. Und du kannst sie so abändern, wie du es gerade brauchst: »Ich hab mich lieb«, »Möge ich heil sein« … Manchmal braucht es eine Ego-Überwindung, die Sätze auszusprechen. Wenn du es dann schaffst, sind sie besonders wirkungsvoll.

Wende dich jetzt innerlich jemandem zu, den du sehr lieb hast. Und sprich die Sätze:

- »Mögest du sicher sein.«
- »Mögest du gesund sein.«
- »Mögest du glücklich und frei sein.«

Wenn du nach einer Zeit sehr fortgeschritten bist, kannst du als nächsten Schritt jemanden wählen, den du überhaupt nicht gern hast, mit dem du einen Konflikt oder Schwierigkeiten hast oder den du nicht ausstehen kannst. Das gibt Superhelden-Bonuspunkte, aber nur, wenn du es ernst meinst. Sonst überspringe diesen Teil, bis du so weit bist. Abschließend weite deine liebevolle Güte auf alle Lebewesen aus:

- »Mögen alle Lebewesen sicher sein.«
- »Mögen alle Lebewesen gesund sein.«
- »Mögen alle Lebewesen glücklich und frei sein.«

Wiederhole diese Übung am besten täglich.

Die Erschaffung eines Ungetüms oder das große Missverständnis

Nach unserem kleinen Exkurs in die aktuelle Stressforschung kommen wir nun zu ihrem Ursprung. Wollen wir die Abgründe von Stress verstehen, müssen wir zu seiner Geburtsstunde zurück. Wir beamen uns also in das Jahr 1936 – denn älter ist der Begriff, so wie wir ihn kennen, nicht. Keine 100 Jahre alt! Den bösen Ruf von Stress haben wir dem gebürtigen Wiener Hans Selye zu verdanken. Nach dem Medizinstudium emigrierte Selye nach Kanada und forschte dort als Biochemiker an Ratten. Er hoffte, ein neues (Ovarial-)Hormon zu entdecken. In Schlachthäusern besorgte er sich Eierstöcke von Rindern und spritzte seinen Käfigratten daraus Extrakte. Anhand der Veränderungen in den Ratten suchte er nach Hinweisen auf ein neues Hormon. Und tatsächlich, die Versuchstiere entwickelten blutige Geschwüre, ihre Nebennieren vergrößerten sich, und die Lymphknoten schrumpelten. Doch war es wirklich ein Hormon aus den Rindereierstöcken, das diese üble Wirkung hatte? Um das zu überprüfen, spritzte er als Nächstes andere Extrakte aus Leber, Haut, Muskeln und Gehirnen von Schlachttieren in die Ratten. Die entwickelten dieselben Symptome: blutige Geschwüre, vergrößerte Nebennieren und verschrumpelte Lymphknoten. Es war demnach unwahrscheinlich, dass er ein neues Hormon entdeckt hatte. Zur letztendlichen Kontrolle spritzte er den Tieren das Desinfektionsmittel Formalin. Sein großer Traum von der Entdeckung eines neuen Hormons war dahin, als die Tiere auch darauf mit denselben krankhaften Veränderungen reagierten.

Da hatte Selye eine »Erleuchtung«, wie er es nannte. Wenn es nicht das Hormon ist, sondern alle Injektionen diese Wirkung haben, so musste es sich hier um etwas handeln, was er »Syndrom des Krankseins« nannte. Er wollte wissen, ob andere Formen von Tortur denselben Effekt auf seine Ratten hatten. Also begann er den armen Tieren Knochen zu brechen, sie zu verbrennen, ihnen komplett die Bewegungsfreiheit zu nehmen, indem er ihre Pfötchen an einem Brett befestigte oder sie zwang, sich bis zur Erschöpfung zu bewegen. Was passierte? Die Tiere wurden krank und starben. Bei der Sektion fand er das immer gleiche Bild: Geschwüre, Thymusdrüse und Lymphknoten ganz klein und die Nebennieren vergrößert. Der Anblick der erschöpften und leidenden Ratten erinnerte ihn an die Menschen, die er zehn Jahre zuvor als angehender Mediziner in Wien diagnostizieren musste: Alle sahen »krank« aus, egal welche Krankheit sie auch hatten. Damals hatten ihn die Professoren ausgelacht, als er bei seinen Diagnoseversuchen von einem »Syndrom der Krankheit« sprach. Und obwohl er an keinem Menschen geforscht hatte, erlaubte er sich den weiten Sprung und übertrug seine Theorie von seinen Ratten auf den Menschen. Er stellte die Hypothese auf, dass die meisten Krankheiten, von Allergien bis zum Herzinfarkt, das Ergebnis des Prozesses waren, den er an den Ratten beobachtet hatte, und gab diesem »Syndrom der Krankheit« den Namen »Stress«.

So wurden der Stress und die moderne Stressforschung geboren. Und er ging noch einen Schritt weiter, als er Stress als »die Antwort des Organismus auf jede Beanspruchung« definierte. Diese Verallgemeinerung ging abermals weit über seine Laborversuche hinaus. Nicht giftige Injektionen, schädigende Zustände, Folter und Qualen, sondern einfach nur die Reaktion auf alles, was dem Körper passierte, sei Stress, so Selye. Dann schrieb er 39 Bücher und 1700 Abhandlungen zu diesem Thema, wurde zehn Mal für den Nobelpreis vorgeschlagen, tingelte um die Welt, hielt Vorträge und machte somit den Weg frei für die toxische Stressbotschaft, die heute wieder und wieder zitiert wird von jedem, der sagt: »Ich bin so gestresst!«, »Das ist echt stressig!«, »Stress ist doof!«

Finanziell großzügig unterstützt wurde Selye, wie nach seinem Tod bekannt wurde, von der Tabakindustrie, die ein großes Interesse daran hatte, dass nicht Nikotin eine schädigende Wirkung auf den Körper hatte und Herzkrankheiten sowie Krebs auslöste, sondern vorzugsweise eine moderne Krankheit wie der Stress. Ein Forschungsteam um Mark Petticrew, Professor für Gesundheitswissenschaften an der London School of Hygiene and Tropical Medicine, hat das Thema Stress und das erhöhte Risiko für Herzinfarkte und Krebs untersucht. Dabei ackerte er sich über Jahre durch Massen von Dokumenten hindurch, die belegen, wie eng Selyes Arbeiten mit den Ideen der Tabaklobby verwoben waren. Anwälte der Tabakindustrie schlugen Themen vor und hatten Einfluss auf den Inhalt seiner Abhandlungen. Selye selbst relativierte später seine Thesen: Nicht jede Beanspruchung des Organismus würde uns krank machen und Geschwüre verursachen. Er entwickelte die Theorie von Eustress und Distress, gutem und schlechtem Stress. Doch es war zu spät. Die Nachricht vom »doofen Stress« war nicht mehr aufzuhalten. Selyes Arbeiten wurden zum Zeitpunkt seines Todes 1982 in mehr als 362 000 wissenschaftlichen Arbeiten in fast allen Sprachen und Ländern zitiert. Das Wort »Stress« wurde in viele Sprachen aufgenommen. *Lo stress, le stress, el stress* und *der Stress* verbreiteten sich viral in der ganzen Welt.

Bei meiner Recherche bin ich noch über einen sehr interessanten Aspekt gestolpert, der einiges mehr erklärt: Fünf Jahre vor seinem Tod gestand Selye, dass er sich bei der Namensgebung vertan hatte. Sein Englisch sei 1936, als er den Begriff prägte, noch nicht ausreichend gewesen, um den Unterschied zwischen dem Begriff *stress* und *strain* zu erkennen. *Stress* meinte in der Physik die Kraft, die auf ein Objekt wirkt. *Strain* dagegen steht für die daraus resultierende Verformung eines Körpers. Er hat etwas völlig anders gemeint! Eigentlich habe er nach dem Wort *strain* gesucht. Um ein Haar hätte das Wort »Stress« also überhaupt keine Bedeutung für uns gehabt. Allein dieser Übersetzungsfehler hat Tür und Tor für Missverständnisse und Verwirrung geöffnet. Selye selbst empfand sich in seinem Wirken übrigens völlig ungestresst. Er fasste sein Lebenswerk mit den Worten zusammen: »Ich habe allen Sprachen ein neues Wort geschenkt – Stress«.[14]

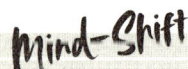

Mind-Shift

Doch nicht alle Geschenke müssen wir behalten, oder?

Sorry, aber wer Stress sagt, meint Angst!

Genau genommen existiert Stress gar nicht. Es war von vornherein ein Missverständnis. Wir haben im Kern eine böse Idee von Stress, die sich als Narrativ durchgesetzt hat und von der wir, ohne es zu wissen, beeinflusst sind. Durch die vielen verschiedenen Definitionen, diversen Bedeutungen und Versuche, den Begriff wieder geradezubiegen, mutierte er in unterschiedliche Formen, wurde diffus und veränderbar. Deswegen wurde die Beschäftigung damit schon mit dem Kampf mit der mystischen vielköpfigen Hydra verglichen – siehe oben. Wird ein Kopf abgeschlagen, wachsen ihr sofort mehrere neue nach. Unfälle, Krankheiten, Kriege werden heute genauso als Stress bezeichnet wie Marathonlaufen, im Stau stehen oder die Unentschlossenheit bei der Wahl der Sorte Eiscreme. Wenn du mich fragst, was Stress ist, dann ist meine Antwort: Stress ist erst einmal nur ein Gedanke! Es ist ein Gedanke, den wir mit Bedeutung aufgeladen haben. Wir haben diesen Gedanken gefüttert, sodass er wachsen und gedeihen konnte. Wir haben ihn gestreichelt, liebkost und massiert wie ein Koberind. Ja, wir haben ihn sogar richtig lieb gewonnen.

Was aber steckt dahinter? Stress ist in unserer Welt ein Codewort für Angst geworden. »Ich bin gerade sehr gestresst«, meint: »Ich empfinde gerade Angst.« »Stress« geht leichter über die Lippen, denn niemand zeigt sich gern ängstlich. Stress deutet darauf hin, dass wir uns »echt« angestrengt und uns »wirklich« viel Mühe gegeben haben. Stress transportiert eine Bitte um Anerkennung. Am Burn-out zu scheitern erscheint als Auszeichnung, während wir uns eine Blöße geben, wenn wir einfach vor lauter Angst nicht weiterkönnen.

Löst sich die Angst auf, verschwindet auf magische Weise der Stress aus deinem Leben. Du bist entspannt, klar und absolut in deiner Kraft: Du fühlst dich endlich wieder sicher! Diese Sicherheit kann dir keiner nehmen. Traumatisierte Menschen fühlen sich nicht sicher. Sie reagieren, gehen in Widerstand, werden aggressiv, agieren aus. Ihr Widerstand soll die Kontrolle über die Situation wiederherstellen. Aber auch »normal« Gestresste reagieren so – in milderer Variante. Willst du Stress auflösen, musst du dich dem Körper zuwenden, denn dort sitzt die verborgene Angst. Ruhe gönnen wir uns meistens erst, wenn wir von unserem Körper dazu gezwungen wurden. Erst wenn wir kreisrunden Haarausfall, Depressionen oder andere Krankheiten entwickelt haben, trauen wir uns, die Reißleine zu ziehen. Zu lange gehen wir über physische und psychische Grenzen hinweg und beachten das innere Navigationssystem des Körpers nicht. Das ist verantwortungslos – und sehr menschlich. Wir haben Maß und Mitte verloren, dafür ist uns »Stress« Sündenbock und Notausgang zugleich. Ganze Industriezweige und Branchen leben von unserem Stress und haben ein natürliches Interesse daran, dass er weiter gedeiht und blüht. In der Tat würden Menschen Schaden davontragen, wenn wir sie so behandeln würden wie Selye seine Ratten. Aber wollen wir das weiterhin »Stress« nennen? Oder nennen wir es beim Namen: Missbrauch, Misshandlung, Folter, Terror. Das ist in der Regel nicht, was wir meinen, wenn wir uns über Stress beklagen.

Wir sagen »Stress«, wenn etwas, das uns wichtig ist – und sei es nur unser Zeitmanagement – in Gefahr ist. Aber was ist denn tatsächlich los, wenn etwas in Gefahr ist? Doch wohl Angst! Unterschwellig ist immer eine Form der Angst und Sorge anwesend. Wir sagen »Stress« zu sozialen Ängsten, dennoch bleiben es Ängste, Angst vor Beurteilung. Angst, es nicht zu schaffen. Angst, zu spät zu kommen. Angst, etwas zu verlieren. Angst, nicht geliebt zu werden. Angst, Angst, Angst. Wer Stress sagt, meint Angst, und mit Angst können wir umgehen. Entfernen wir dieses Label, so können wir uns mit dem darunter verborgenen Gefühl auseinandersetzen. Dieser sogenannte Stress – also die Angst, der Druck und die Anspannung – ist noch nie irgendwo außerhalb eines Menschen passiert. Stress gibt es da draußen nicht!

Niemand macht dir Stress. Diese Macht besitzt die Außenwelt nicht – es sei denn, du gibst anderen deine Fernbedienung und reagierst auf Knopfdruck. Dennoch ist es deine Reaktion, und sie geschieht auf nur drei Ebenen:

- **Gedanken (zweites Kapitel)**
- **Emotionen (drittes Kapitel)**
- **Körper (viertes Kapitel).**

Mehr nicht! Und deswegen können wir genau hier ansetzen und Angst und Druck auflösen. Jede der drei Ebenen ist ein Kapitel und ein eigenes Universum für sich, in das wir nun eintauchen werden. Wir werden immer wieder mit einer neuen Erfahrung an die Oberfläche zurückkommen. Jedes dieser Universen funktioniert und wirkt durch seine ganz eigenen Gesetze, hat seine eigene Sprache und Frequenz, dennoch sind diese Ebenen vollkommen miteinander verwoben. Sie sind gleichzeitige Realitäten. Verändern wir etwas auf der einen Ebene, verändern sich die anderen Ebenen unweigerlich mit. Wer seine Gedanken ändert, verändert seine Emotionen und seinen Körper. Umgekehrt: Wenn der Körper loslässt, wird der Kopf frei.

Lassen wir die Stressblase platzen! Ich plädiere dafür, das Wort endlich aus unserem alltäglichen Sprachgebrauch zu streichen. Überlassen wir den Begriff den Stressforschern und tragen ihn im Alltag zu Grabe. Wir kommen wunderbar ohne dieses Codewort aus. Von nun an sagen wir, wo der Schuh drückt. Wir entschlüsseln jetzt all unsere kleinen und großen Ängste und verwandeln Bedrohungen in Herausforderungen. Dadurch kommen wir unseren vor uns selbst verborgenen Geheimnissen auf die Spur. Wir übernehmen Verantwortung für unsere Gefühle und lernen, die Herausforderungen des Lebens zu lieben – wir sind dafür gemacht, Druck zu erfahren, ihn für uns zu nutzen und aus der Erfahrung zu lernen. Wir bauen soziale Ängste ab und stärken das Zusammengehörigkeitsgefühl. Mit Vertrauen im Körper sind wir in der Lage, über uns selbst hinauszuwachsen. Was uns gestern noch Stress gemacht hat, darüber werden wir morgen schon lachen. Spätestens wenn wir alt, grau und faltig sind, werden wir auf heutige angespannte Situationen zurückblicken und unserem jüngeren Ich zurufen: »Schatz, mach dich locker. Nichts wird so heiß gegessen, wie es gekocht wird.« Denn eins ist sicher: Das Leben passiert, ob wir wollen oder nicht.

Deswegen würde ich gern eine Vereinbarung mit dir treffen: Wir holen dieses klebrige Wort jetzt gemeinsam aus unserem kollektiven Bewusstsein. Hättest du nicht auch große Lust, plötzlich keinen Stress mehr zu haben? Wäre es nicht schön, echt zu bleiben und darüber zu sprechen, was tatsächlich am Start ist: Unsicherheit, Druck und Angst? Von jetzt an schenken wir dem Wort »Stress« einfach keine Beachtung mehr. Wir lächeln innerlich, wenn es uns zwischendurch doch noch das eine oder andere Mal aus reiner Gewohnheit über die Lippen kommt. Ab sofort werden wir es nicht mehr verwenden. Wir entfachen einen stillen Wandel. Wir starten ihn jetzt in diesem Buch.

Die Ebene der Gedanken

Drei Worte. »Ruf den Notarzt!«, ist die klare und sehr bestimmte Anweisung der erfahrenen Hebamme bei der Hausgeburt unseres Sohnes. Er kommt blau in diese Welt. Die Nabelschnur liegt drei Mal um seinen Hals und hat einen festgezurrten Knoten. Er wirkt leblos. Während der Vater zum Telefon eilt und die Hebamme den Sauerstoff holt, ist mir bewusst, dass wir mit der Geburt schon an der Schwelle des Todes stehen könnten. Ich erlebe diesen Moment in einer Art Hyperbewusstsein, in unbeschreiblicher Weite und unerschütterlichem Vertrauen. Offen für alles, was jetzt geschehen mag. Auch offen für den Tod. Es gibt keine Gedanken. Mein Bewusstsein ist erweitert. Ich denke nicht über die Situation nach. Alles, was ich tue, tue ich ohne Gedanken. Ich bin nicht der Lenker meines Handelns. Es geschieht in Zeitlupe. Ich nehme das Kind, atme ein und lege meine Lippen auf seine. Dann atme ich aus. In diesem Moment reißt es seine großen schwarzen Augen weit auf, und ich kann sie sehen. Unverstellt. Es ist, als erhaschte ich einen Blick in das Universum, das, was sonst nur Raumfahrer erleben dürfen. Erhabenheit. Stille. Voller Demut. Ich blicke in seine wilde Seele. Es atmet.

Grenzerfahrungen

Musstest du schon einmal um dein Leben laufen? Hast du jemals ein Auto gestemmt, weil ein Mensch darunter lag? Echte Todesangst empfinden die meisten Menschen höchst selten im Leben. Die, die solche Erlebnisse kennen, berichten häufig: »Es war wie in Zeitlupe«, »Es war surreal«, »Ich habe alles gleichzeitig wahrgenommen, nicht nur den Menschen, der mir die Pistole an die Schläfe drückte, ich hatte dabei keinerlei Emotion, so ein Gefühl von Weichheit und Weite«. Sie berichten von einem Flow-Zustand, den auch Chirurgen und Künstler gut kennen: keine Gedanken, keine Emotionen und dennoch eindeutiges Handeln. Der Verstand und das konditionierte Denken setzen aus. Das Bewusstsein erweitert sich über den Körper hinaus. »Ich lief, aber ich hatte nicht das Gefühl, dass ich in meinem Körper war«, »Ich spürte keinen Schmerz, mein Bewusstsein hatte den Körper verlassen«, »Ich weiß nicht, woher ich die Kraft genommen habe, ich hab nicht darüber nachgedacht, ich hab es einfach gemacht«. Was diese Menschen erleben, ist vollkommen anders als die Emotion Angst, die unser Verstand tagtäglich erzeugt. Wer ohne Gedanken ist, kann keine Angst haben und erlebt Weite, Energie und Verbundenheit.

In Extremsituationen passiert es automatisch, dass das Denken aussetzt. Die Ratio wird abgeschaltet, etwas anderes übernimmt. Es ist mehr als ein Überlebensinstinkt. Es ist eine besondere Erfahrung des Selbst, die einen tiefen Eindruck hinterlässt und die eigene Sichtweise auf das Leben für immer verändern kann. Diese Erfahrung hat weniger mit dem Tod zu tun als vielmehr mit dem Leben. Du erlebst sie auch, wenn du in einer Beschäftigung versinkst und in eine Art Rausch gerätst: Du denkst nicht mehr, wirst eins mit dem Bild, das du malst, oder der Sportart, die du ausübst. Viele Jogger kennen das Läufer-High. Mehr oder minder stark setzt dieser Zustand immer dann ein, wenn wir es schaffen, das kontinuierliche Geplapper im Kopf zu unterbrechen. Yogis und Meditierende suchen danach und werden manchmal auch fündig. Es setzt ein, wenn du so sehr mit dem Objekt deiner Aufmerksamkeit verschmilzt, dass kein anderer Gedanke mehr dazwischenfunkt und dich ablenkt. Im Alltag sind wir nicht oft ohne Gedanken. Die meisten haben Angst davor, weil sie glauben, dass die eigene Ratio die Krone der Schöpfung ist. Wenn wir aber ohne Gedanken sind, dann sind wir meistens eins: glücklich!

Falsche Ängste

Todesangst haben wir vielleicht im Moment eines Unfalls. Falsche Angst entwickeln wir, wenn wir nicht aufhören können, über den Unfall nachzudenken. Wir bekommen die Bilder nicht aus dem Kopf. Die Bedrohung ist in der Realität lange vorbei, aber nicht in unserem Kopf. Falsche Angst wird von einem rastlosen Verstand erzeugt. Wie wir in diesem Kapitel noch sehen werden, können wir uns sogar an Unfälle erinnern, die nie passiert sind. Projektionen in die Vergangenheit oder in die Zukunft erzeugen das Getrieben-Sein, das Herumgrübeln und Unter-Spannung-Stehen. Wir machen uns Gedanken darüber, was alles hätte passieren können oder was alles Schlimmes in Zukunft passieren könnte. Wir erleben diese Dinge jedoch nicht wirklich. Sie geschehen nur in unseren Köpfen. Auf jede dieser Bedrohungsfantasien reagiert der Körper. Wir hören nicht auf, diese Fantasien mit furchterregenden Gedanken und Bildern zu befeuern. Ein Kreislauf entsteht. Deswegen bleibt manchmal unser Nervensystem in der Bedrohungsantwort stecken. Wir haben Rambazamba in Kopf und Körper – eine totale Verschwendung von Fantasie!

Tatsächlich existieren die allermeisten Ängste, die dich heute plagen, nur in deiner Vorstellung. 99 Prozent der Dramen in deinem Leben sind nie passiert. Dein Verstand ist ein Meister in der Erfindung von Geschichten. Wenn wir Erlebnisse nicht verarbeitet haben, entwickeln wir falsche Ängste: Wir wittern Gefahren, wo keine sind, und erdenken Strategien, um das Leben zu kontrollieren. Wir werden zu Gefangenen unseres Kopfkinos. All unser Denken, Fühlen und Handeln wird dann aus dieser falschen Angst gespeist. Erst wenn du eine neue Erfahrung machst und Tiefenentspannung erlebst, weißt du, dass es anders geht. Tiefenentspannung ist das Mutigste in der Welt, weil es bedeutet, standhaft zu bleiben in dem Moment, in dem die Angst dir entgegenspringt und versucht dich einzunehmen.

Alles, was du willst, ist auf der anderen Seite der Angst

Katty Salié ist bereit, mit mir über Angst zu sprechen. Fantastisch!, denke ich, mal schauen, was diese Frau mir zu sagen hat. Denn Salié ist nicht nur als TV-Moderatorin, sondern auch als Mensch wunderbar beeindruckend. Immer wieder setzt sie sich offensiv mit dem größten Angstthema überhaupt auseinander. Sie hat Reportagen über den Tod gemacht und auch Menschen im Sterbeprozess begleitet. Nebenbei kennt sie jedes Tool in diesem Buch aus eigener Erfahrung. Wovor hat Katty Salié Angst?

Katty Salié: »An meinem Kühlschrank hängt ein Spruch: Everything you want is on the other side of fear! Man muss da durch, und dann hat man es. Aber man muss erst mal durch.«

»Und was dann? Was ist auf der anderen Seite der Angst?«

Katty Salié: »Da ist zum Beispiel Vertrauen. Vertrauen bedeutet für mich gehen, ohne nachzudenken. Sich einfach fallenzulassen, ohne Angst zu haben, dass man hart aufschlägt.«

»Wie kannst du gehen, ohne Angst zu haben? Oder gehen wir noch einen Schritt zurück: Was ist Angst?«

Katty Salié: »Angst sind zu viele Gedanken. Angst ist, sich selbst im Weg zu stehen, weil man unfassbar viele Dinge für möglich hält, die ganz schlimm sind und die mir passieren könnten. Dabei sind sie mir gar nicht passiert und passieren höchstwahrscheinlich auch nicht.«

»Ich möchte gern etwas über deine persönliche Angst erfahren.«

Katty Salié: »Manchmal habe ich Angst vor dem Fliegen. Dabei muss ich wirklich oft fliegen!«

»Du hast Flugangst?!«

Katty Salié: »Ne, was heißt Flugangst? Ich habe das, was meine Mutter mir mitgegeben hat. Meine Mutter hat mir so Dinge gesagt wie: ›Was? Ihr wollt heute in die Disco fahren? Dir ist schon klar, es gibt Glatteis!‹, und dann hat sie wirklich so Sachen gesagt wie: ›Ihr wisst schon, ihr könntet tödlich verunglücken?!‹ Nicht ›Ihr könntet verunglücken, dann habt ihr einen Beinbruch‹, sondern: ›Ihr könntet tödlich verunglücken. Es ist superglatt, da stehen ganz viele Alleebäume. Ihr werdet sterben!‹ So ungefähr. Und die ganze Fahrt über hatte ich Herzklopfen. Wir sind gefahren, und ich konnte mich manchmal nicht auf die Gespräche konzentrieren, weil ich dachte: Da hinten ist so eine ganz enge Kurve, und da sind diese Alleebäume, und gleich passiert's, gleich passiert's. Das hatte ich meine ganze Jugend über! Und heute habe ich das manchmal mit dem Fliegen. Ich weiß, ich könnte sterben. Jeden Tag weiß ich, ich könnte sterben. Beim Fliegen weiß ich, ich könnte abstürzen. Bevor ich mich damit bewusster befasst habe, fing die Angst schon am Vorabend an. Schon am Abend vor dem Flug hatte ich Bauchschmerzen, ein schlimmes Unwohlgefühl, eine totale Aufgeregtheit und eine Mega-Körperspannung. Dann habe ich alles da reingepackt, alle negativen Gefühle und Gedanken. Und manchmal habe ich morgens im Taxi richtig Saft in den Augen gehabt. Am Flughafen hat sich das ein bisschen entspannt. Da konnte ich dann nichts mehr tun, da war ich schon kurz vor dem Einstieg. Heutzutage habe ich das nicht mehr! Ich kann wirklich vollmundig sagen, ich habe das nicht mehr, weil ich am Abend vorher schon die Kurve kriege, wenn das einsetzt und ich wieder denke ›Was wäre, wenn ..‹.«

»Was machst du dann?«

Katty Salié: »Weißt du, was das Wichtigste ist? In dem Moment, in dem es mich anspringt, sehe ich, dass es mich anspringt! Das ist es. Ich sehe es und kann dann aufgrund des Atmens und aufgrund des Wahrnehmens eine Schutzblase aufbauen – und das, was mich da anspringt, hüpft gegen die Schutzblase. Bumms! Und es prallt ab, sieht lustig aus, und ich kann mich darüber amüsieren. Ich kann es insgesamt leichter nehmen. Ich sehe, dass es angesprungen kommt, aber es trifft mich nicht mehr. Diese Schutzblase ist letztlich meine Praxis. Die kann ich generieren durch eine Praxis, zum Beispiel eine des bewussten Atmens.«

»Wie atmest du?«

Katty Salié: »Ich lege meine Hand auf den Bauch und spüre, dass ich atme. Ich lebe. Und das Leben lebt mich. Meine Hauptpraxis ist, meine Gedanken zu hinterfragen: Ich sehe es kommen, ich weiß, wie es wäre, wenn es mich treffen würde, wenn es wieder auf meiner Schulter sitzt, ich weiß, wie es ist, wenn es mich runterzieht – und ich weiß, wie es ist, wenn es abprallt und ich ganz sachte sagen kann: Nee!«

Warum wir nicht länger als eine Minute ängstlich sein können – und es trotzdem sind

Im Grunde genommen könntest du nicht länger als eine Minute ängstlich, unglücklich oder gehetzt sein. Eine Minute ist in Wahrheit schon eine sehr lange Zeit. Emotionen wie Angst, Ärger, Wut, Trauer fließen tatsächlich in Sekundenschnelle durch den Körper. Um eine Emotion dauerhaft aufrechtzuerhalten, musst du sie dauerhaft mit belastenden Gedanken befeuern – sonst kannst du nicht unglücklich bleiben. Des Menschen Fetisch sind die immer gleichen Gedanken und Verhaltensmuster, die Spannung, Druck und Blockaden verursachen und die wir doch tagtäglich abrufen. Wir haben das in unserer Jugend so gelernt, und als Erwachsene machen wir unbewusst einfach weiter damit. Jeder kennt Ängste in besonderen Situationen – wie Katty Salié, die sich schon am Abend vor dem Flug einen Absturz ausgemalt und Bauchschmerzen bekommen hatte, obwohl sie noch sicher zu Hause im gemütlichen Bett lag. Aber wusstest du, dass du jeden Tag auch im Kleinen in allen möglichen Situationen Ängste und Bedrohungsszenarien trainierst? Im Alltag sind sie uns gar nicht so bewusst, dennoch beeinflussen sie unser Leben und erzeugen diese anstrengenden und manchmal überwältigenden Zustände, von denen wir uns nun befreien wollen. Es passiert in ganz banalen Situationen, wenn du im Stau stehst, in der Warteschlange an der Kasse, wenn die Kinder toben, in Beziehungskrisen und bei Konflikten im Büro. Das Wutbarometer steigt, der Hals schnürt sich zu, und wir geben uns Mühe, uns zusammenzureißen. Menschen, die sich wie im Hamsterrad fühlen, bleiben in diesem Zustand von Druck und Anspannung kleben. Sie füttern ihr Erleben mit depressiven und ängstigenden Gedanken. Machen sie das bewusst? Keineswegs. Der Grund, weshalb wir oft längere Zeit in einem verstimmten oder angespannten Zustand hängen bleiben, ist eine gewisse, auf Nicht-Wissen basierende geistige Undiszipliniertheit gekoppelt mit Konditionierung. Wir wissen es nicht besser, und wir haben es ein Leben lang genauso trainiert.

Ein Beispiel: Das Telefon klingelt. Wir sehen die Nummer unseres Vorgesetzten auf dem Display, und es beginnt das Unvermeidliche: »Verfluchte Scheiße. Was will der denn jetzt schon wieder?! Der will bestimmt wieder den Termin canceln, und ich muss die ganze Chose sofort umdisponieren. Was glaubt er, wer er ist! Immer macht der so ein Drama! Der braucht das! So viele Menschen sind abhängig von seinen Launen. Und ich muss mal wieder nur funktionieren. Und lächeln. Ich könnte ihn auf den Mond schießen!« Die Gedanken kommen ungefiltert zum Laufen, und sofort sind Emotionen da: Wut, Zorn, Selbstmitleid, Überforderung. Wir haben den Anruf noch nicht angenommen, aber die Emotionen drücken sich schon in Körpersymptomen aus: Das Herz rast, der Blutdruck steigt, die Atmung wird schneller, die Muskeln verspannen sich, wir fangen an zu schwitzen und sind bereit für den Kampf. Wir gehen unter Hochdruck ans Telefon, und die Stimme am anderen Ende der Leitung fragt: »Ich gehe um eins essen, willst du mit?«

Wieder ein Drama, das nie passiert ist! Es hat sich nur in unserem Kopf abgespielt. Der ganz alltägliche Wahnsinn. Wir sehen ein paar Zahlen auf einem Display und sind sofort auf 180.

Das ist der Augenblick, in dem der Autopilot übernimmt und wir die Realität verlassen. Jetzt beginnen wir Druck, Anspannung und Angst zu erzeugen!

> *Die Bedrohungsreaktion beginnt genau in dem Moment, in dem die Filmspule in unserem Kopf zwischen Vergangenheit und Zukunft hin- und herspringt: »Der hat das schon oft gemacht, der wird das wieder tun.«*

Wir erinnern uns – bewusst oder unbewusst – an all die Male, in denen dieser Mensch uns aufgefordert hat, bestimmte Aufgaben zu übernehmen. Wir projizieren die alte Erfahrung als Zukunftsszenario auf unsere innere Leinwand. Wir haben Gedanken und Bilder im Kopf von dem, was mal war, und von dem, was sein wird. Wir setzen uns ins Kopfkino und schauen uns einen Horrorfilm an, mit dem es uns richtig schön schlecht geht. Wir leiden, weil wir träumen! Nicht der Chef ist gerade das Problem, der ist noch nicht einmal im Raum, und am Telefon hören wir ihn auch noch nicht, es sind die Gedanken und Bilder in unserem eigenen Kopf, die uns diesen Emotionscocktail bescheren. Warum? Weil wir ihnen mehr glauben als der Realität. Denn alles, was ist, sind ein paar Zahlen auf dem Display und ein Klingelton.

Um unter Druck zu bleiben, brauchst du eine Menge Fantasie

Genau hier liegt der Schlüssel: Da unser Körper auf die Filme im Kopf reagiert, nehmen wir unseren inneren Film als wahre und echte Realität hin. Wir schauen in unserem Beispiel durch die »Was denkt er, wer er ist«-Brille, und das ist auch schon alles, was wir sehen. Aus diesem begrenzten Blickfeld heraus treffen wir

Entscheidungen, die nur in einem engen Emotionsschema möglich sind. Wir *reagieren* nur noch auf die gefühlte Bedrohung. Unser Autopilot ist der König. Wir hinterfragen nicht mehr, denn wir »wissen« ja, dass wir im Recht sind. Wir denken, es sei normal, so aufbrausend zu reagieren. Aber das ist es nicht. Es ist nur weit verbreitet. Unsere Gedanken und unsere Meinung über die Situation machen uns unglücklich. Diese Fantasien sind intensive Energiefresser. Und nun? Wir können den anderen nicht ändern, aber wir können aus dem Autopiloten aussteigen. Wäre das nicht aufregend und befreiend? Was wir brauchen, sind das Erkennen der Realität und ein Faktencheck:

Mind-Shift

Was ist die Realität? Bleiben wir bei unserem Beispiel.
Was ist real?
- *Ein paar Nummern auf dem Display.*
- *Unsere Gedanken erzeugen Angst, Wut, Anspannung und Druck im Körper.*

Der Faktencheck ergibt: »Ich muss gar nichts machen. Ich werde erst einmal hören, was der Chef will. Egal, was es ist, ich könnte es sein lassen. Ich bin dem Leben nicht hilflos ausgeliefert. Ich entscheide! Ich habe mich für diesen Job entschieden. Im Moment ist es eine kluge Entscheidung, den Job zu erledigen. Er macht mir sogar Spaß.«

Mit Löchern im Hemd und Flecken im Schritt gehen wir ungern auf die Straße. Mit miesen Gedanken über uns und andere jedoch gehen wir durchs Leben. Gedanken kommen ungefiltert rein, erst wenn wir ihnen Glauben schenken, erzeugen sie diese erdrückenden, getriebenen und ermüdenden Zustände in unseren Köpfen und Körpern. Verfliegt der Gedanke, verflüchtigt sich der Zustand. In einem Moment ist die Welt wunderbar, im nächsten fühlen wir uns durch die blöde Bemerkung eines Kollegen gekränkt. Dann lobt uns jemand über den Klee, und wir sind wieder glücklich. Irgendwie drücken wir denen da draußen die Fernbedienung in die Hand. Glücklich – traurig – glücklich – traurig. Buddha nannte das Affengeist: Das Äffchen hüpft von Ast zu Ast, von Gedanke zu Gedanke, während es den einen Gedanken loslässt, greift es schon nach dem nächsten. Völlig unkontrolliert und besinnungslos springt es durch den unendlich großen Dschungel.

Kino im Kopf

Glauben wir den plappernden Stimmen in unserem Kopf, die unser Erleben kommentieren, geraten wir in Schwierigkeiten. Irgendetwas in uns lullt uns ein, manchmal betörend, manchmal jammernd, dann wieder anklagend. So verführt es uns in das alte miese Gefühl von Druck und Anspannung hinein. Geraten wir in Situationen, in denen etwas, was uns wichtig ist, in Gefahr zu sein scheint, wird eine alte Angst in uns berührt. Angst ist eine Projektion in die Vergangenheit oder in die Zukunft. Etwas ist passiert oder könnte passieren – und schon geht es los: Die Vorführung beginnt, ohne Trailer, das Kopfkino springt an und befördert uns direkt in medias res.

Ab diesem Zeitpunkt befinden wir uns im Lalaland, in Fantasien, wir schlafwandeln durch den Tag und verwechseln das innere Erleben mit der Realität. Unsere Mitmenschen können unseren Wahn sehr gut wahrnehmen, wir selbst werden von einer getriebenen Persona gefangen gehalten. Wir sind identifiziert mit der Story auf der Leinwand, halten uns an den Sessellehnen fest, während der Druck in uns wächst. Wären wir in der Lage, den Gedankenstrom zu stoppen, wir wären wieder wach, frei und klar. Wir würden erkennen, dass uns nicht die Situation Druck macht, sondern unsere innere Bewertung der Situation: der innere Film.

Schauen wir uns in deinem Kopfkino einmal um. Wie kommen wir da rein, fragst du? Es ist beeindruckend leicht. Nehmen wir einen Gedanken, den du sehr gut kennst und der auf den ersten Blick ganz unverfänglich erscheint. Nehmen wir: »Ich habe keine Zeit!« Erinnere dich an das letzte Mal, als du unangenehmen Zeitdruck hattest. Weißt du, ich werfe dir gerade einen Knochen hin und hoffe, dass du dich jetzt genüsslich darin verbeißt. Bitte tue es, nur für die kurze Dauer dieser Übung. Wähle eine einzige Situation aus. Das kann heute oder letzte Woche gewesen sein. Es kann auch ein Moment sein, der schon Jahre zurückliegt, der dir aber besonders in Erinnerung geblieben ist. Bemerke, dass wir soeben die Schwelle deines wundersamen Filmpalasts überschreiten. Anfangs erkennen wir noch nicht so viel, unsere Augen müssen sich erst an die Dunkelheit gewöhnen. Doch dann kommen erste Erinnerungen von Zeitdruck-Momenten hinein. Wähle jetzt bitte eine einzige Situation, in der du echten Druck empfunden hast.

Jetzt sind wir schon mittendrin in der Filmvorstellung. Ohne es zu bemerken, hast du es dir auf dem einzigen Sessel in deinem Kinosaal gemütlich gemacht und fieberst mit. Jede einzelne Frage, deren Antwort du gespürt hast, hat eine Erfahrung in dir provoziert. Erinnern ist trügerisch. Glauben wir unseren Gedanken, werden unsere Erinnerungen multisensorisch. Wir spüren die Anspannung, der Atem wird flacher, Unruhe macht sich breit, der Körper erlebt die Situation, als wäre sie real. Wenn ein Gedanke oder eine Vorstellung in deinem Kopf tatsächlich gefühlt und vor dem geistigen Auge gesehen wird, wenn sie also multisensorisch ist, spielen sich im Hirn dieselben oder sehr ähnliche Abläufe ab wie in der realen Situation. Hirn und Körper machen keinen Unterschied zwischen Realität und Vorstellung, solange die Vorstellung multisensorisch und damit glaubhaft wird. Die

Psychologin Julia Shaw trieb es zuletzt auf die Spitze. Sie hat in einer besonderen Versuchsanordnung im Jahr 2015 bewiesen, wie trügerisch unser Gedächtnis ist, und bekam fortan den Spitznamen »Memory-Hackerin«. In ihrer Studie brachte sie unschuldige Studenten über suggestive Fragemethoden dazu, sich an Straftaten, die sie nie begangen haben, sehr klar zu erinnern.

Jetzt stell dir nur mal vor, was das bedeutet, wenn wir uns alte Geschichten, die uns traurig, wütend oder hilflos gemacht haben, immer und immer wieder neu erzählen. Jedes Mal durchleben und wiederbeleben wir Kummer und Schmerz. Dabei rückt die Geschichte immer weiter weg vom tatsächlich geschehenen Ereignis. Du selbst veränderst bereits durch den Akt des Erinnerns deine Geschichte, und auch deine Mitmenschen haben Zugriff auf deine Erinnerungen und können sie formen.

Mind-Shift

Beantworte dir diese Fragen in Bezug auf deine Situation der empfundenen Zeitnot:
- *Wo befindest du dich? Zu Hause, im Büro, auf der Straße, woanders? Sitzt, stehst oder liegst du?*
- *Bist du allein, oder ist noch jemand bei dir?*
- *Welche Gedanken hast du?*
- *Welche Emotionen bemerkst du? Wut, Ärger, Angst, Sorge, Enttäuschung...?*
- *Wie reagiert dein Körper? Wo empfindest du den Zeitdruck? In Kiefer, Hals, Schultern, Brust, Solarplexus, Bauch, Becken...?*
- *Wie verhältst du dich?*

Ich hatte einen Unfall mit einem Ufo

Susanne erinnert sich sehr konkret an das Ertrinken ihres Bruders in der Isar. Die Geschichte »Der Sommer, als Tobi in die Isar fiel« hat sich so tief in ihr eingeprägt, dass sie sicher war, als kleines Mädchen dabei gewesen zu sein, als ihr Bruder in letzter Minute aus dem Wasser gezogen wurde. Sie kann den Film problemlos abrufen und kann sich auch an die damit verbundenen Emotionen erinnern, sie fühlt die alte Angst und Hilflosigkeit. Nach einem Coaching, in dem sie mir diese Geschichte erzählt hat, spricht sie ihre Mutter auf die Begebenheit an. Sie fällt aus allen Wolken, als sie erfährt, dass sie selbst damals gar nicht dabei war, sondern schon längst zu Hause in ihrem Bett lag. Und es kommt noch besser: Tobi war nie in die Isar gefallen! Er wäre es nur um ein Haar. Die Geschichte ist nie passiert. Wie gesagt, Erinnerungen sind trügerisch!

Nun, ich behaupte nicht, du hättest deinen Zeitdruck nie erlebt. Ich bin sogar sicher, dass du es hast. Deine Erinnerung während dieser Übung ist jedoch reine Fantasie, ebenso wie die Geschichte vom ertrinkenden Tobi. Sie ist hier und heute nicht wirklich passiert, es ist die reine Vorstellungskraft, die jedoch einen starken Effekt hat. Beide Erinnerungen sind Fantasien, die real Druck und Hilflosigkeit verursachen. Wir haben den Zeitdruck in uns – zum Zwecke der Veranschaulichung – noch einmal wiederbelebt. Das Problem mit dieser Fantasie ist, sie füttert ein altes Muster und macht es somit stärker. Völlig besinnungslos denken wir wieder und wieder an Dinge, die uns nicht guttun, und verschärfen damit die alten Verhaltensmuster und Einstellungen. Bringen wir hingegen Bewusstsein hinein, verändert sich das alte Reaktionsmuster. Sobald du neue Erfahrungen machst, neue Wege gehst, etwas Neues weißt, entziehst du dem alten Glauben »Ich habe keine Zeit« den fruchtbaren Boden. Du könntest stattdessen glaubhafte Beweise finden für den Gedanken »Ich habe alle Zeit der Welt«. Zeitdruck, ade!

Wenn du auf die Übung eingestiegen bist, hast du dich durch meine Fragen nach deinem Erleben mit Gedanken gefüttert, die Druck erzeugen. Auch wenn der Druck nicht in seiner ganzen Strahlkraft zu spüren war, so wirst du vermutlich einen winzigen Geschmack davon erhalten haben. In unserer kleinen »Ich habe keine Zeit«-Übung warst du James Bond in einer lebensbedrohlichen Situation auf der Leinwand, während Daniel Craig bereits gemütlich zu Hause die Beine hochlegt und Tee trinkt. Die Bilder in deinem Multiplex-Heimkino haben nicht die Realität abgebildet. Es waren nur Fragmente von Abbildern aus Fantasien. Du sahst einen Menschen, der so aussieht wie du. Aber warst du es? Nein! Dir geht's gut. Du hast es schon überstanden. Es ist schon lange vorbei. Es ist ein vorgestelltes Bild von dir.

Wenn wir einem Gedanken oder einer Geschichte Glauben schenken, wird eine chemische Reaktion in unserem Körper ausgelöst, die in einer Emotion oder einer Kette von Emotionen mündet. Diese Emotionen wiederum drücken sich in einem bestimmten Teil des Körpers als sensitive Empfindung aus – immer wieder, wie ein geschlossener Schaltkreis, der durch die Wiederholung noch mehr Energie bekommt und uns ein Selbstgefühl verleiht. Wut beispielsweise drückt sich bei vielen Menschen im Bauch aus. Trauer in der Brust. Angst im Solarplexus. Ohnmacht im Kopf. Wir schauen den »Ich habe keine Zeit«-Film an, und das ist auch alles, was wir sehen, fühlen und spüren. Wir sind blind für die Realität geworden. Wir treffen dann Entscheidungen, die nur in dem engen Emotionsschema des Zeitdrucks möglich sind. Wir haben keine freie Wahl, sondern reagieren wie Springteufelchen.

Wir hinterfragen unser Verhalten nicht mehr, denn wir *wissen* ja, dass wir recht haben. Es ist unsere Wahrheit geworden. Was noch tragischer ist: Wir sind nicht nur in Fantasien, wenn wir uns an alte Situationen zurückerinnern. Wir sind auch in Fantasien, wenn wir aktuell etwas erleben, das wir nicht akzeptieren möchten. Ja, tatsächlich sind wir immer dann in Fantasien, wenn wir Druck erleben! Um das zu veranschaulichen, lass uns noch einmal in dein Filmtheater einsteigen. Diesmal wollen wir sehen, wer die schlechten Filme in den Projektor einlegt und wie wir den Wahnsinn und mit ihm den Druck beenden können. Nehmen wir an, wir stehen im Stau auf dem Weg zu einem sehr wichtigen Vorstellungsgespräch. Der Blick auf die Uhr verrät uns: Hier ist nichts zu machen! Wir werden definitiv nicht pünktlich ankommen. Achtung, etwas in uns wittert jetzt Gefahr! Die Druckreaktion beginnt genau in dem Moment, in dem die Angst angepikst ist. Folgende Befürchtungen sind in unserem imaginären Stau möglich und ich freue mich, wenn du an dieser Stelle selbst noch ein paar originellere hinzudichtest:

- *Verdammte Hacke, ich komme zu spät!*
- *Was denken die jetzt von mir?*
- *Ich hätte es anders machen müssen!*
- *Ich hätte früher aufstehen sollen!*
- *Ich habe alles falsch gemacht.*
- *Ich kann das nicht!*
- *Ich bin nicht gut genug!*
- *Ich bin schuld!*
- *Ich brauche mehr Zeit!*
- *Warum ist der Termin so früh?!*
- *Die sind schuld!*
- *Die werden verärgert sein.*
- *Die werden mich hassen!*
- *Ich bekomme den Job nicht.*
- *Ich will hier weg.*
- *Ich lande unter der Brücke.*
- *Es macht alles keinen Sinn!*
- *…*

Diese Liste lässt sich beliebig lang weiterführen. Jeder einzelne dieser Gedanken hat das Zeug dazu, einen chemischen Cocktail zu erzeugen, der uns explodieren lässt. Der Film im Kopf springt jetzt wild zwischen beängstigenden und ärgerlichen Bildern aus der Vergangenheit und der Zukunft hin und her. Wir sehen gar nicht mehr die Realität, weil wir uns nur noch im Lalaland aufhalten und die Geschichte in unserem Hinterstübchen sich langsam zur vollen Pracht entfaltet – Gedanke für Gedanke, hin zu einem Horrorfilm.

Wir wissen bereits, der Stau ist nicht das Problem, sondern unsere Bewertung der aktuellen Situation. Dennoch erlebt der Körper den Druck so, als wäre der Gedanke »Ich habe keine Zeit!« Realität. Aber er ist doch real!, wirst du einwenden. Denn an diesem Punkt kommt es häufig zu Verwirrung und Missverständnissen. Wir sind verwirrt, wenn *Etwas* in uns angekratzt wird. *Etwas* in uns regt sich, bangt um seine Existenz. *Etwas* wirft uns jetzt jeden Knochen hin, den es aufzutreiben vermag. Angefangen bei »Das ist doch alles Quatsch, was die Korioth hier schreibt!«, bis hin zu »Mach jetzt, was ich sage, sonst liegst du nur noch sabbernd in der Ecke und machst nichts mehr aus deinem Leben«. Es möchte, dass wir uns in diesen Knochen verbeißen. Aber was redet da? Was will uns im Dunkeln halten und weiter dafür sorgen, dass wir schlechte Filme schauen? Es hat sich am Projektor im Vorführraum ausgebreitet, raubt unsere Energie, frisst und frisst und stößt grunzende Laute aus. Dann wirft es die abgewetzten Knochenstücke vor unsere Füße und legt merkwürdige Filme ein. Es will unter allen Umständen verhindern, dass wir den Saal verlassen, geschweige denn das Licht anmachen. Doch es ist zu spät! Wir sind dem alten, hinkenden Monster auf den Fersen.

Was also ist der Unterschied zwischen Realität und Lalaland? **Die Realität ist:**

Mensch sitzt im Auto im Stau.

Mensch sitzt im Auto im Stau. Fertig.

Mensch sitzt im Auto im Stau. Mehr nicht.

Mensch sitzt im Auto im Stau. Kein Drama.

Völlig frei.

Eins mit der Welt.

Guter Moment im Leben!

Lalaland dagegen sind alle Gedanken in unserem Kopf, die Druck, Verspannungen und Blockaden erzeugen. Alle Gedanken, die uns aus der Realität hinweg in einen Traum tragen, der sich wiederum ganz allmählich in einen Albtraum wandelt. Sie verhindern, dass wir den Moment genießen können und Spaß haben an unserem Leben. Angst ist das Resultat einer Projektion in die Zukunft. Hören wir auf zu projizieren, hört die Angst auf.

Die weltbekannte spirituelle Lehrerin Byron Katie bringt das sehr simpel auf einen Nenner, wenn sie sagt, dass es im Prinzip nur drei Zustände gibt: Mensch sitzt, steht oder liegt. Alles andere findet in unserer Fantasie statt. Katie litt jahrelang an Depressionen, Essstörungen und Alkoholismus. Sie fühlte sich so wertlos, dass sie auf dem Boden schlief, statt in einem Bett – bis sie eines Tages »aufwachte« und feststellte, dass sie nur litt, wenn sie ihren leidigen Gedanken glaubte. Sie erlebte, dass sie ohne diese Gedanken glücklich war. Nicht ihre Situation war das Problem, sondern ihre Gedanken. In der Folge entwickelte sie ein sehr einfaches Selbsterkenntnissystem, das sich wie ein Lauffeuer um die Welt verbreitete: The Work. Katie begann, ihre Gedanken zu hinterfragen, und fand so einen Ausweg aus ihrem Leiden.

Wir können in unserem Beispiel zwar keinen Ausweg aus dem Stau finden, ihn nicht wegdenken oder wegatmen. Der Stau ist real. Aber wie wir auf den Stau reagieren, ist zu 100 Prozent unsere Angelegenheit. Was ist denn das Schlimmste, was passieren könnte? Ja, natürlich könnte es tatsächlich passieren, dass wir den Job nicht bekommen. Genauso wie alles mögliche andere auch passieren könnte, sehr geehrte Frau Wahrsagerin, sehr geehrter Herr Wahrsager. Genauso könnte es passieren, dass sich das Gespräch einfach nach hinten verschiebt und wir dann einen sehr guten Eindruck hinterlassen. Oder dass das Treffen abgesagt wird und wir eine Woche später einen noch besseren Job finden. Oder dass wir es gar nicht zum Termin schaffen, weil wir hinter der nächsten Kurve in einen Unfall mit einem Ufo verwickelt werden, das überraschend landen musste, weil ihm der Sprit ausging und wir jetzt, weil wir so ein ausgesprochenes Helfersyndrom haben, den kleinen grünen Männchen bei der Abreise zurück zum Heimatplaneten ... Verstehst du? Lalaland! Fantasien! Wir machen uns selbst Druck, Bauchschmerzen, Kopfweh – und das völlig unbewusst. Wir glauben den Filmen unseres Heimkinos. Wie Kreisel drehen sich unsere Gedanken, nur dass sie uns selbst dabei völlig aus der Bahn werfen. Es hilft nicht, es blockiert uns nur. Uns steht nicht die Energie zur Verfügung, die wir haben könnten. Weil wir aber glauben, ohne Druck nicht mehr funktionieren zu können, machen wir weiter. Ganz so, als wäre uns die Welt egal, wenn wir einen klaren Verstand bewahren. Dabei stehen uns mit klarem Kopf und Körper ganz andere Lösungswege zur Verfügung als die, die uns aus dem Zustand des Horrors und der Panik einfallen. Die Realität im Moment des Staus ist: Mensch sitzt im Auto. Ob er glücklich ist oder nicht, hängt davon ab, welchen Gedanken er wählt.

Wie stellen wir nun den Film ab?

Indem wir Bewusstsein schaffen, hören wir auf zu träumen. Wir können es alle, und jeder von uns bekommt jeden Tag einen kleinen Geschmack davon. Nur schaffen wir es nicht, in diesem Bewusstsein zu bleiben. Wir schaffen es nicht, wach zu bleiben. Aussteigen aus dem Film ist simpel. Es ist sogar so simpel, dass der Verstand es nicht begreift. Unser Verstand hat sein Leben lang daran gearbeitet, den Hauptdarsteller aufzubauen, einen echten Superstar, der beinahe bis zur Perfektion mit seiner Rolle verschmolzen ist. Jetzt soll das Ganze nicht real sein? Achtung: Das Monster am Projektor rülpst und wirft Knochen! Wir bleiben völlig unbeeindruckt und erinnern uns an heute Morgen:

Du bist aufgewacht, vermutlich in einem Bett, und da war erst einmal nichts. Nichts ist nicht ganz richtig. Vielmehr war es eine Wahrnehmung von Sein. Reines Bewusstsein. Bewusstsein in der Abwesenheit von Gedanken. Dann brauchte es ein kleines bisschen, eine Nanosekunde vielleicht, bis du dich wieder »erinnertest«, wer du bist. Mit der Erinnerung kam das bekannte, etwas klebrige Selbstgefühl des Hauptdarstellers zurück, und du begannst den Tag aus der alten Gewohnheit heraus. Erinnern ist Denken. Und wie wir bereits wissen, ist Erinnerung trügerisch. Gedanken kommen und gehen den ganzen Tag. Die meisten setzen den Denker mit dem »Ich« gleich:

Denker = Ich

Ich bin das. Ich denke. Es sind meine Gedanken. Ich spreche mit mir selbst. Doch woher weiß ich, dass ich es bin, die denkt? Na ja, zum Beispiel kann ich jetzt sofort an etwas denken, an das ich mit Sicherheit heute den ganzen Tag noch nicht gedacht habe: einen lustigen Maulwurf, der mir zuwinkt! Das habe ich jetzt gedacht und habe auch ein Bild davon in meinem Kopf erzeugt. Also bin ich doch die Initiatorin dieses Gedankens! Aber können wir das einfach so gleichsetzen? Wer bin ich nämlich dann, wenn ich nicht denke?

Denker − Denken = ?

Bin ich dann immer noch Ich? Mal angenommen, ich würde jetzt tatsächlich meinen Gedanken keinen Glauben mehr schenken, bin ich dann immer noch ich selbst? Wer bin ich in der Abwesenheit von Gedanken? Wer bin ich, wenn ich eine Amnesie habe? Wer bin ich nach einer Hirnverletzung? Gibt es mich dann noch? Oder hört »Ich« auf zu existieren? Sind wir der Denker und das Denken?

Denker + Denken = Ich
Oder?

Hilfe, wer ist *Ich*?

Gehen wir diesem Ich doch mal nach und entblättern es. Bin ich mein Name? Ein Mann? Eine Frau? Mein Beruf? Mein Körper? Meine Einstellungen? Meine Gedanken? Den Namen haben mir meine Eltern gegeben, das kann ich schon mal nicht sein. Ich kann auch nicht mein Körper sein, denn der ist in spätestens sieben Jahren komplett erneuert. Jede Zelle ist dann ausgetauscht. Rein gar nichts von dem, was in diesem Moment auf dem Stuhl sitzt, ist dann noch anwesend. Ohnehin, wie könnte ich mein Bein, Arm oder Zeigefinger sein? Ich *habe* all das. Aber wer ist Ich? Wer ist das Ich, das diesen Körper besitzt? Ich habe gelernt, dass ich eine Frau bin, obwohl ich mich insgesamt oft eher wie ein Mann fühlte. Nein, nicht was du denkst! Ich fühlte mich nicht im falschen Körper geboren. Ich habe mich wie ein Mann gefühlt, weil sich all die Attribute, die wir sehr gern dem männlichen Geschlecht zusprechen, für mich passender und identitätsstiftender anfühlten als die, die wir dem weiblichen Geschlecht zugestehen. Wie sieht es bei dir aus? Welche Eigenschaften hast du an dir, die wir eigentlich dem anderen Geschlecht zuordnen? Was also ist Mann oder Frau – und wer bestimmt das? Etwas in uns möchte, dass wir glauben, wir seien diese Persönlichkeit. Es sind die Knochen, die es uns hinwirft. Warum tut es das? Und warum will es, dass wir uns immer wieder klein, dumm, hässlich, traurig, schuldig, verletzt, größer, besser, süchtig oder allein fühlen?

Weil es sonst stirbt! Es hat Angst, es hätte keine Daseinsberechtigung mehr. Es würde schwinden wie ein böser Albtraum. Es kann nicht ohne unseren Glauben überleben. Es bäumt sich auf und hängt sich an uns dran, will uns ummanteln wie eine zweite Haut, einnehmen und ganz kleinquetschen. Es ruft uns zu: »Du schaffst es nicht ohne mich. Bleib bei mir. Sonst stirbst du!« Das Herz pocht. Noch ist es dunkel im Saal. Doch so langsam dämmert uns: Wir hatten noch nie Angst vor der Dunkelheit, nur davor, was die Dunkelheit für uns bedeutet. Der Moment ist gekommen, den Schalter zu drücken. Wir machen das Licht an. Bämm!

Die Entlarvung des Filmvorführers

Da sehen wir ein altes, hinkendes Wesen, das sich in ein kleines niedliches Kind verwandelt und wimmert und das dann wieder als alter Knabe die Kontrolle zurückerlangen möchte und schimpft. Interessant! Jetzt verwandelt sich das Gesicht in eine hässliche Fratze, das Ungetüm wird größer, seine Augen glühen, funkeln wild und böse. Es stellt sich uns entgegen, wächst weit über uns hinaus und wirft große Schatten. Interessant! Wir werden ganz still und spüren die Angst. Endlich verstehen wir, es war noch nie unsere Angst, es war schon immer seine!

Wir halten dem Blick stand und fragen: »Wer bist du?« »Wer bin ich?«, brüllt es zurück. »Ich bin ich!« Und da erkennen wir es: Es ist ein alter Bekannter, kein Freund, auch kein Feind, ein Begleiter. Jemand, den wir mit uns selbst verwechselt haben. Wir erkennen all die Rollenspiele und Stimmen, die er in unserem Leben eingenommen hat, mal als Perfektionist, Antreiber, mal als gefallsüchtiger Pleaser, Kritiker und Richter. Das leibhaftige Ego steht vor uns.

Mit seiner Entlarvung verliert es seinen Schrecken und schmilzt wie Eis in der Sonne. Der Film stoppt. Die Leinwand löst sich in Licht auf, wir sehen noch ein paar Filmrollen mit Aufschriften wie »Scheißtage«, »Exlieben«, »Verlorene Träume« schmelzen, und dann verschwindet der ganze Filmpalast, bis nichts mehr übrig bleibt. Jetzt stirbt das Ego seinen ersten Tod. Der Film ist vorbei. Und wir wachen erleichtert auf.

Das Ego ist eine Persona, die wir im Laufe unseres Lebens entwickelt haben. Es hat dafür gesorgt, dass wir überleben. Von den Menschen, mit denen wir aufwuchsen, haben wir früh gelernt, was »richtig« und was »falsch« ist. Wer nur oft genug hört oder spürt, etwas sei falsch, wird sich irgendwann selbst sagen: »Es ist falsch!«, auch wenn es sich richtig anfühlt. Der konditionierte Verstand bekommt das Zepter in die Hand und darf jetzt König sein. Nun kritisieren wir uns selbst, bevor uns jemand anderes kritisiert, so behalten wir die Kontrolle. Und durch stetige Wiederholung der inneren Kritik haben wir diese selbstkritische Persona erschaffen und verfestigt. Irgendwann machte sie sich selbstständig, sie übernahm und steuerte uns. Wir mussten gar nicht mehr bewusst denken, dass wir falsch sind, wir »wussten« es ja bereits und lebten entsprechend.

So haben wir Kohärenz geschaffen und leben aus einem Autopiloten heraus. Je mehr Futter ein Ego bekommt, in Form von Bestätigung und Anerkennung, desto stärker wird es. Manche sterben lieber, als ihr Ego zu verlieren. Manchmal aber schaffen wir es, den kontinuierlichen Gedankenstrom zu unterbrechen – und im nächsten Moment schlägt das Ego wieder zu. Wir haben kaum einen Atemzug Zeit, um nach Luft zu schnappen, schon versucht es, sich wieder in unserem Unterbewusstsein einzunisten. Es ist einfach so gut trainiert. Es hat ein Leben lang im Keller unseres Bewusstseins Hanteln gestemmt: »Du bist nicht gut genug! Nicht liebenswert! Streng dich mehr an! Reiß dich doch endlich mal zusammen! Bemühe dich! Was sollen bloß die anderen von dir denken! Das sind eh alles Vollpfosten! Die können nix! Du bist der Beste!« Es kreiert eine wahrhaftige Hölle, die einzige, die es je gegeben hat – die in unseren Köpfen.

Wenn wir den Mut haben, die Identifikation mit dieser Persona zu stoppen, durchbrechen wir das kontinuierliche Grundrauschen der immergleichen Gedanken. Indem wir uns ein wenig distanzieren, bekommen wir erholsame Pausen von diesen lang trainierten Glaubens- und Verhaltensmustern. Dann erkennen wir, dass wir nicht diese Persona sind. Sie ist eine Illusion, eine Rolle, die wir angenommen haben und die wir seither im Leben spielen. Unsere Ängste sind Ego-Ängste. Sie sind vom Verstand erzeugt. Erkennst du das, halten die Ängste nicht stand. Sie schrumpfen, werden kleiner und verpuffen schließlich wie Ballons, aus denen die Luft entweicht. Es bleibt nichts übrig. Danach fühlst du dich freier, dir steht mehr Kraft zur Verfügung, und am Ende wirst du über all das lachen, was dich früher irritiert und verärgert hat. Diese Momente werden dir wie Episoden aus einem anderen Leben erscheinen. Sie werden keine Macht mehr über dich haben. Der Druck, den du so oft verspürt hast, schwindet.

Aufwachen aus Fantasien

In diesem kurzen Moment des Aufwachens heute Morgen in deinem Bett, als du noch nicht gedacht hast und daher noch nicht »wusstest«, wer du zu sein hast, warst du weit, leicht und frei. Du warst offen für einen neuen wunderbaren Tag voller Freude, Liebe und Glück. Für diese eine Nanosekunde warst du ohne Ego. Mit deinem ersten Gedanken heute Morgen verfestigte sich jedoch wieder die Identifikation zwischen dir und der Rolle, die du in deinem Leben spielst. Du träumst die Geschichte von dir weiter. Glücklich bist du, wenn du heute Morgen einen glücklichen Gedanken wähltest. Dein erster Gedanke am Morgen richtet dich bereits für dein grundsätzliches Lebensgefühl heute aus.

Mind-Shift

Wähle jetzt einen Gedanken, der dich neu und positiv ausrichtet!
Richte deinen Fokus auf Liebe, Freude, Glück, Leichtigkeit,
Fülle und Gelassenheit. Denke »Ich hab mich lieb!«,
»Ich liebe mein Leben«, »Ich genieße den Tag.« Wähle jetzt
einen Gedanken, der dich glücklich macht. Das wirkt zu
100 Prozent! Du hast die Wahl. Immer und überall.

Das hier ist der beste Moment in deinem Leben! Auch wenn du gerade Kartoffeln schälst, kann dieser Moment der schönste sein – denn es gibt keine Konkurrenz! Es ist der einzige Moment, den du hast – alles andere findet nur in deiner Fantasie statt. In diesem einen Augenblick steckt dein ganzes Leben. Glücklichsein ist kein Schicksalsschlag und auch kein Zufall. Glücklich ist der, der es schafft, den unglücklichen Gedankenstrom zu unterbrechen und neue Gedanken zu denken. Das muss trainiert werden.

Das Denken an sich ist nicht das Problem. Es geht gerade nicht darum, deinen Verstand auszuschalten. Es geht darum, ihn zu schulen, zu meistern und für dich zu nutzen, nicht gegen dich. In vielen Fällen ist der Verstand nicht dein Freund, sondern eher ein untrainierter Hund, der in alle Ecken des Hauses pisst. Der Denkapparat ist lebensnotwendig, und wir brauchen ihn, allein schon, um Pläne zu schmieden, unser Leben zu organisieren, den Job zu erledigen und die Welt zu erkunden. Gedanken jedoch kommen und gehen. Emotionen kommen und gehen. Wer in seinen Gedanken kleben bleibt, der leidet. Das Drama beginnt in dem Moment, in dem wir festhalten wollen, was schön ist, wiederhaben wollen, was vorbei ist, weghaben wollen, was uns nicht gefällt, in dem wir unseren Glauben verteidigen, kämpfen und in Widerstand gehen.

Bewusstsein

Bewusstsein ist frei von Drama. Es ist überall, frei, ungebunden. Wer an einer Perspektive festhängt, der kann es nicht entdecken. Bewusstsein ist, was übrig bleibt, wenn wir Schicht um Schicht abstreifen, was wir nicht sind. Oft sind es Krisen, die uns dazu veranlassen, aus unseren Träumen aufzuwachen. Dann sind wir bereit, den Sprung über die Klippe ins Leben zu wagen. Dann, wenn wir meinen, wir hätten nichts zu verlieren, weil alles, was uns wichtig war, schon verloren ist. Erst dann können wir uns vorstellen, anders zu leben. Aber warum auf großes Leid warten, um endlich du selbst zu werden und ein Leben zu leben, dass nicht von der Angst geführt wird?

Wer bewusst wird, verändert seine Perspektive. Er verliert sich nicht mehr im Drama. Er schaut auf das, was die Gedanken, Emotionen und Körperempfindungen wahrnimmt. In jedem von uns gibt es eine solche Instanz, etwas, was schon immer unberührt von all unseren Leiden, Ängsten und Sorgen war. Wie in 3-D-Suchbildern, in denen wir immer ein bestimmtes Bild gesehen haben, sehen wir plötzlich etwas ganz anderes, weil wir anders schauen. Wir bekommen einen anderen Zugang zum Leben. Statt sich ganz klein, eng, dunkel und schwer zu fühlen, werden wir weit, erfüllt, hell und leicht.

Das Switchen vom Ego zum Bewusstsein, also der Ausstieg aus dem Film in die Realität, geht sehr schnell. Die Schwierigkeit besteht nur darin, es immer wieder zu tun, weil wir ebenfalls sehr schnell wieder in die alten Muster verfallen. Die alten Verhaltensweisen sind gut geübt und müssen erst wieder aus unserem Hirn getilgt werden, indem wir neue Verhaltensweisen verfestigen: »Use it oder lose it.« Anfangs ist das noch mühselig. Wie das Erlernen einer neuen Sprache oder eines neuen Handwerks. Es braucht viele Stunden der Praxis, bis wir es mühelos hinbekommen, in einem neuen Bewusstsein zu leben. Durch die Wiederholung, also durch tägliches Training, stärken wir diese Fähigkeit.

Halte die Welt an!

Du musst keine Ausbildung machen, keinen Berg überwinden und in keine Höhle gehen, um zu erleuchten. Sie hat »erleuchten« geschrieben! Huch, ich bitte um Pardon! Bitte leg nicht vor Schreck das Buch aus der Hand. »Erleuchten« meint nichts anderes als aufzuwachen aus dem Traum, präsent zu werden, in deine Kraft zu gehen, dich zu erinnern, wer du bist. Wenn sich die Welt da draußen dreht, dann tendieren wir dazu, uns mit in den Strudel zu werfen. Sobald du merkst, dass sich ein altes Angstmuster einschleichen will: Halte die Welt an! Stoppe den Film, indem du selbst stoppst. Werde einfach still für einen Augenblick. Zieh deine Aufmerksamkeitstentakel aus dem wilden Treiben raus und richte deinen Fokus auf den wichtigsten Menschen in deinem Leben, auf den, der immer bei dir ist: auf dich selbst. Wenn es dir nicht gut geht, wie soll es deinen Kindern gut gehen? Oder deinem Partner? Die Beziehung zu dir selbst ist die wichtigste, weil sie die Basis aller anderen Beziehungen ist. Inmitten des Trubels kannst du innehalten und still werden.

Mit Ausnahme deiner begrenzenden Gedanken:
Was ist jetzt in diesem Moment nicht in Ordnung?

Frau sitzt. Mann sitzt. Mehr nicht. Gedanken haben Macht, und du hast die Macht, einen neuen Gedanken zu wählen! Wenn du Gedanken bemerkst, die dich oder andere erniedrigen, verlasse diese leidvolle Perspektive sofort. Stoppe das Kopfkino. Sage ganz sachte: »Nö, jetzt nicht!«

Erinnere dich, deine Einstellungen sind nicht genetisch codiert, du selbst hast sie irgendwann einmal gewählt und dann gnadenlos trainiert. Ein Realitätscheck verleiht dir die Macht, neue Gedanken zu wählen: Halte die Welt an, schau an deinen Beinen runter bis zu den Füßen, die auf der Erde stehen. Du bist genau richtig hier! Du stirbst nicht. Es geschieht nichts Schlimmes. Es sind nur deine unbewussten Einstellungen, die dir dein Leben vermiesen und die jetzt von dir abfallen. Du lebst glücklich weiter. Gib deinem Verstand etwas Schönes zu tun. Wenn du ihn nicht beschäftigst, läuft er davon und ist ganz schnell wieder bei den alten Gedanken, die du nicht mehr willst. Deswegen ist es das Basistraining, dich immer wieder auf dein neues Bewusstsein auszurichten, auf: Wer bist du, wenn du frei bist?

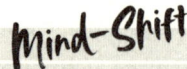

*Visualisiere nun dein bestes Selbst! Mal ehrlich, wie viele Leben
hast du, dass du so besinnungslos durch den Alltag hetzt?
Wie würdest du leben, wenn du frei wärst? Frei wovon, fragst
du? Ich meine nicht die Freiheit, zwischen unterschiedlichen
Chipssorten zu wählen. Die einzige echte Freiheit, die es gibt,
ist die Freiheit von Angst! Das ist die Freiheit, zu fühlen,
was gefühlt werden will, und die Freiheit, du selbst zu sein.
Wie würdest du dir selbst und anderen begegnen? Wer bist du,
wenn du in dein »bestes Selbst« gehst? Wie wärst du gern in
deinem Leben? Setze dich nun hin und visualisiere:*

- *Wer bist du ohne deine begrenzenden Gedanken?*
- *Wer bist du, wenn du frei bist?*
- *Wie begegnest du dir selbst?*
- *Und anderen?*
- *Wie siehst du aus?*
- *Was hast du an?*
- *Wenn du frei bist, wie denkst du?*
- *Und wie fühlt sich das an?*
- *Wie fühlt sich dein Körper an?*
- *Wie verhältst du dich?*
- *Wie liebst du?*
- *Wie lebst du?*

*Mach eine multisensorische Erfahrung! Spüre und fühle
dein neues Selbst. Indem du fühlst, erzeugst du eine innere
Vibration, die dich aus deiner Gewohnheits-Alltagssoße
rausholt und in ein neues Lebensgefühl versetzt. Setze dich
für fünf Minuten hin und richte dich in dieses neue Bewusstsein
aus. Diese fünf Minuten sind wichtiger als die Dusche und
das Zähneputzen zusammen. Setze dich in dein neues*

Selbst. Richte dich immer wieder dahin aus.
(Es macht auch großen Spaß, diese Fragen schriftlich
zu beantworten.)

Mit dieser Praxis geschieht ein sehr wichtiger Perspektivwechsel. Du steigst aus deinem begrenzten Alltagsdenken aus und findest zurück in deine Kraft. Alle Gedanken, die dich klein, eng, wütend, zornig, verbittert, einsam, traurig oder enttäuscht machen, begrenzen dich. Sobald du solche Gedanken im Alltag identifizierst, kannst du entscheiden, ob du das weiterhin über dich glauben möchtest. Und wenn deine Antwort Nein ist, dann verlasse diese Perspektive, denn du bist nicht deine Gedanken. Du nimmst deine Konzentrationskraft und lenkst sie auf dein »bestes Selbst«: Erinnerst du dich, wer und wie du sein möchtest in diesem Leben? Und wie blickst du aus dieser Perspektive auf die Welt? Welche Entscheidungen triffst du?

Auch wenn es noch etwas holprig vonstatten geht, weil das alte Programm so gut verankert ist: Tue es. Du trainierst jetzt dein neues Lebensgefühl. Du wechselst die Perspektive, heraus aus der Ego-Enge und hinein in deine Kraft. Der Schmerz geht. Die Liebe bleibt.

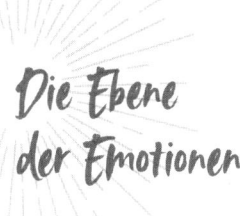

Die Ebene der Emotionen

Welche Macht Emotionen innewohnt, haben wir hier im Westen noch gar nicht begonnen zu verstehen. Emotionen werden oft wie Schmuddelkinder angesehen. Wir schauen verschämt zur Seite, wenn sie an die Oberfläche kommen, und wissen nicht so recht: Was machen wir mit denen? Viele Menschen sind der Überzeugung, man müsste bloß besser das Großhirn einschalten und dadurch rational und logisch eine richtige Entscheidung nach der anderen treffen können. Dem ist nur leider gar nicht so – wie jeder Einzelne von uns jeden Tag aufs Neue feststellen muss. Hochbezahlte Manager, die zum Wohle desselben Unternehmens als Team zusammenarbeiten sollen, zerfleischen sich über die Frage, wer auf dem neuen Firmengelände welchen Stellplatz für das Firmenfahrzeug zugewiesen bekommt. Ihr Verhalten erinnert mehr an Kindergarten als an Krone der Schöpfung. Und machen wir uns nichts vor, jeder kennt das von sich selbst und hat sich schon mal so erlebt. Keiner ist so rational, wie er denkt. Dabei könnten unsere Emotionen ein riesiger Erfolgsfaktor in unserem Leben sein: Sie können uns beflügeln und über uns selbst hinauswachsen lassen.

Die Macht der Emotionen

Ein bewusster Umgang mit Emotionen ist unabdingbar, wenn wir das eigene Potenzial entfalten wollen – das will und muss gelernt sein! Einer, der sein Potenzial voll ausschöpft und sogar das Unmögliche möglich macht, ist NBA-Champion Dirk Nowitzki.

Er bricht seit 20 Jahren alle Rekorde, knackte die 30 000-Punkte-Marke und gehört neben den ganz wenigen großen Weltklasse-spielern wie Michael Jordan oder Kobe Bryant in den Basketball-Olymp. Seine Leistungen beruhen auf harter Trainingsarbeit, Talent – und dann kommt eben noch etwas hinzu, das wie Zauberei wirkt: Er weiß die Emotionen für sich zu nutzen. Beigebracht hat es ihm sein Trainer und Mentor Holger Geschwindner. Wenn wir Geschwindner beobachten, dann scheint es, als wäre da ein Magier am Werk. Von ihm wollen es alle wissen – nicht nur Basketball-Talente aus der ganzen Welt kommen in seine Stube, sondern weltbekannte Spieler und Trainer anderer Disziplinen, Sportfunktionäre und jetzt auch wir, du, werter Leser, und ich! Befragen wir einen, der weiß, wie wir unter enorm hohem Druck gelassen bleiben und was wir tun können, wenn wir es doch nicht sind.

»Herr Geschwindner, was sind Emotionen?«

Geschwindner denkt nicht einen Moment nach: »Emotionen sind 90 Prozent, und der Intellekt, die Ratio, das was im Abendland so hochgehängt wird, sind 10 Prozent, maximal 15. Wenn es einem ganz schlecht geht und man Trost braucht, gibt es immer noch ein Requiem!«

Geschwindner, der selbst 1972 Kapitän der deutschen Basketball-Olympiamannschaft war, Mathe und Physik studiert hat, weiß einiges um die Phänomene im Hirn und um das Denken des Menschen: Wie wir lernen, was wir lernen. Wie wir Furcht begegnen können. Wie wir schaffen können, was wir noch nie gekonnt haben. Geschwindner arbeitet pro bono mit Jugendlichen, die aus der ganzen Welt, anderen Kulturen und einer völlig anderen Lebenswirklichkeit zu ihm kommen. Als er Nowitzkis Mentor wurde, war dieser erst 16,5 Jahre alt, er selbst hatte 33 Jahre Vorsprung und eine völlig andere Ausbildung, so musste er zwangsläufig eine gemeinsame Sprache finden.

»Es gibt auf einer anderen Ebene als der Sprache eine Zugangsform über die Emotionen, einen Menschen zu umhüllen«, sagt er wunderbar poetisch. Menschen nur einseitig zu betrachten oder in Gruppen alle gleich zu trainieren – wie im Spitzensport häufig noch der Fall – wäre ungefähr so, als würde ein Hochspringer nur sein Sprungbein trainieren. »Um den Buben auf das Podest zu helfen«, habe er daher begonnen, die Musik, insbesondere den Jazz, der gleichzeitig mit dem Basketball erfunden wurde, einzuführen. »B'ball ist Jazz«, sagt er, und jeder, der von ihm lernen will, wird nicht umhinkommen, ein Instrument zu erlernen. Die besonders talentierten Nachwuchsstars lernen jedes Jahr etwas Neues, auch Dinge, für die sie absolut kein Talent haben: fechten, jonglieren, reiten … »So trainieren sie, mit Situationen umzugehen, die ihnen zunächst praktisch widerwärtig sind«, sagt er. Seine Nachwuchsspieler haben ihre Sportgeräte immer dabei: Ball, Saxofon, Trompete … und dann gibt es am Abend schon Mal ein Konzert mit Jazzmusikern und dem Gequake der Kids. Es gehe ihm nicht um den Funfaktor. Einer wie er ist gewiss nicht nur für den Spaß angetreten. Er wird ernst, als er sagt: »Die Jugendlichen lernen sich selbst durch die Musik besser kennen, besser, als sie jeden Buchstaben kennen. Es geht um die Selbsterfahrung. Es gibt gewisse Rhythmen und Lieder, jeder muss seine individuelle Melodie finden, dann ist ein Song hilfreich: Die Lebensmelodie muss stimmig sein.«

»Erfahrung?«, fragen wir nach.

»Selbsterfahrung! Ohne die geht es nicht!«, antwortet er.

»Wie gehen Sie mit Furcht um? Was raten Sie Ihren Spielern, wenn sie unter Druck geraten und sich fürchten?«, fragen wir weiter.

Auch hier kommt die Antwort postwendend: »Singen und weitergehen!«, sagt er. »Das ähnelt dem Pfeifen im dunklen Keller.«

»Singen? Sie raten Ihren Spielern, im Extremfall auf dem Spielfeld zu singen?!«

Er lacht und erzählt, wie Nowitzki 2006 wieder Leben in David

Hasselhoffs brachliegende Karriere einhauchte: »Es waren die Playoffs. Dirk bekommt im entscheidenden Spielmoment zwei Freiwürfe. Die Gegner führen mit einem Punkt. Für den Sieg müssen beide Würfe ins Körbchen. Was jetzt? Bekommt er das hin oder nicht?« Dirk trat an, er summte sein Liedchen, so wie er es viele Male zuvor geübt hatte, und gewann! Den Presseleuten war das Besondere aufgefallen: Sie wollten nach dem Spiel wissen, welches Lied er gesungen hatte. Doch Dirk gab es zunächst nicht preis. »War es *Looking for Freedom*?«, gaben die Neugierigen nicht auf. »Ja«, sagte er und dachte sich nur: »Gebt endlich Ruhe!« Der Effekt war fabelhaft: Die Nachricht ging um die Welt. Hasselhoff erschien beim nächsten Heimspiel der Mavericks mit Nowitzkis Trikotnummer 41, sauste in der Halbzeit über das Spielfeld, und seine Karriere blühte erneut auf. Welcher Song Nowitzki wirklich zum Sieg verholfen hat, bleibt sein Geheimnis – würde uns aber auch nicht weiterbringen, denn wir haben schon verstanden: Jeder braucht seine eigene Melodie!

> *Spitzensportler suchen das, was der Normalverbraucher »Angst« nennt. Sie suchen die Herausforderung!*

Geschwindner beschreibt dieses Empfinden als einen gewissen Kitzel, etwas zu erreichen, was bisher noch keiner geschafft hat. Das sei völlig normal, wenn wir versuchen, über unsere Grenzen hinauszugehen. Es verflüchtige sich mit der Selbsterfahrung. Er sieht ein Problem in den Schulen, die ihren Teil zum Prüfungsdruck beitragen würden. Er dreht daher in seinem Training den Spieß um und prüft seine Sportler praktisch täglich, sodass sie lernen, sich in solche Momente komplett hinein zu entspannen. Die große Prüfung sei dann eben nur ein bisschen länger. Geschwindner ist kein Fan von Erziehung, er plädiert für das Wachsenlassen. Er wird jedoch auch streng, wenn seine Kids das Spiel nicht ernst nehmen. Der Wille zum Üben muss unbedingt vom Spieler selbst kommen. Gleichzeitig seien für jeden, der sich selbst entwickeln will, hohe Freiheitsgrade notwendig. »Das eigene Wollen ist mindestens so wichtig wie das Talent. Wenn der Wille nicht da ist, betreiben die talentiertesten Spieler fürwahr Talentweitwurf. Man kann ja keinen Hund zum Jagen tragen!« Die Zauberformel in seinem Metier ist daher, diejenigen zu finden, die drei Dinge haben: »Talent, Wille und die Frage: ›Wo gibt es Neues zu finden?‹ – und die muss man finden oder Geduld haben und drauf warten. Das sind ganz wenige.«

Weil dieser Mensch so herrlich tiefenentspannt ist, fragen wir – aus reiner Neugier – doch noch einmal danach: »Was ist Stress für Sie?«

Geschwindner nimmt dann auch erst einmal ein wenig Anlauf zum Weitsprung und erklärt: »Spitzensportler sind Trainingsweltmeister, aber wenn der Sieg auf dem Spiel steht, zum Beispiel beim Elfmeterschießen, dann flattert bei vielen das Selbstbewusstsein wie ein Fähnchen im Wind, obwohl es gar keinen Grund gibt! Der Spieler hat 1000 Mal den Elfmeter geschossen, der Tormann hat theoretisch kaum eine Chance. Aber dann steht nicht nur die Aktion auf dem Spiel, sondern auch sein Renommee in den Medien und so weiter. Es gibt so viele Dinge, worüber sich die Jungs dann noch zusätzlich einen Kopf machen. Im Endeffekt kreiert jeder den Stress in sich selbst! Objektiv gibt es das gar nicht, und ich wüsste nicht, wie das gehen sollte!« Und dann setzt er noch einen obendrauf: »Stress gibt es nur, wenn man zu schnell vor der Langeweile wegrennt!«

Das wollen wir genauer wissen, und Geschwindner führt weiter aus: »Wer sich selbst eine Vorgabe macht, kann die Latte jeden Tag einen Zentimeter höher legen und hat jeden Tag ein Erfolgserlebnis. Sobald die Leistungssportler bei Wettkämpfen oder Endspielen antreten müssen, haben sie das praktische Problem, sich die Situation nicht ausgesucht zu haben, sondern sie werden freiwillig dort hingeführt.« Der Weg des Spielers aus dieser Falle ist Akzeptanz und eine Form der Hingabe zu sagen: »Gut, ich bin bereit, mich darauf einzulassen, dass du mir sagst, was ich machen soll!«

Geschwindners Lebensdevise ist ein Knallersatz, der prädestiniert ist, Bedrohungen in Herausforderungen umzuwandeln. Den können wir uns an den Spiegel schreiben, besonders wenn wir Lust haben, bisher Unmögliches für uns möglich zu machen.

»Die Zukunft ist offen, und wir werden alles geben,
was wir noch nie gekonnt haben.«

In der Turnhalle verstehen wir noch besser, wovon er spricht: Es werden Spielzüge trainiert, die das Rechts-links-oben-unten-vorn-hinten-Empfinden und Gewohnheitsdenken komplett verwirren. Wir werden Zeuge, wie in einem anfänglich chaotischen Trainingselement mit der Zeit Ordnung entsteht. Wir können praktisch zusehen, wie sich Synapsen in den Köpfen der Basketballer spielerisch neu verknüpfen.

Potenziale entfalten und Veränderung erzeugen, das geht nur so, wie er es im Mikrokosmos seines Basketballfeldes vormacht: Perspektiven wechseln, Neues lernen, außerhalb der Box denken, sich selbst erfahren, sich durch den eigenen Willen immer wieder neu ausrichten, intensives Training bei gleichzeitig großen Freiheitsgraden. Musik könnte ein Schlüssel sein – das Hirn verändert sich durch das Musizieren –, aber auch die Literatur eröffnet neue Welten. Das Singen hat übrigens einen interessanten atemtherapeutischen Effekt: Normalerweise atmen wir in Situationen, in denen wir Druck oder Angst empfinden, sehr flach oder halten den Atem sogar ganz an. Singen wir jedoch in angespannten Situationen, atmen wir natürlich weiter und können Emotionen wie Furcht, Trauer oder Wut sehr gut fließen lassen. Es wird nichts unterdrückt. Die Atmung, die wir beim Singen automatisch zulassen, gibt dem Körper das Signal, wieder in den entspannten Modus zurückzukommen. Singen entspannt also zwangsläufig.

Mind-Shift

*Welche Melodie macht dich glücklich?
Was ist dein Siegerlied? Wähle ein Lied,
das deine Stimmung hebt. Höre es. Singe es. Tanze.
Mach eine Notiz davon in deinen Zellen.
Rufe es ab, wenn du unter Druck gerätst!*

Navi kaputt?

Nach diesem schönen Ausflug ins Trainingslager wollen wir nun noch tiefer in das emotionale Universum abtauchen, denn hier liegt der Schatz verborgen, den wir jetzt gemeinsam heben werden: unser Navigationssystem! Emotionen sind ein lebensnotwendiges Instrument, das uns durch das Leben leitet, immer anzeigt, wann wir vom Weg abkommen, und dafür sorgt, dass wir in unserer höchsten Kraft leben, Freude, Leichtigkeit und Energie empfinden und im Einklang mit uns und der Welt leben. Es gibt nur ein Problem: Es ist kaputt! Es ist ein völlig verrücktspielendes Navigationsinstrument, dessen Kompassnadel in alle möglichen Richtungen ausschlägt und uns in die Irre führt. Die emotionalen Gefilde sind No-go-Areas. Wir haben sie viel zu lange unbeachtet gelassen, und jetzt sind sie außer Rand und Band. Wir Menschen schauen uns in diesen Gegenden einfach nicht gern um. Sie sind unberechenbar, und wenn etwas nicht berechenbar ist, können wir es nicht kontrollieren. Deswegen drücken wir es gern weg – ganz so, als wäre da nichts. Hübsches Spitzendeckchen drüber und fertig ist die Laube! Mit Freude und Glück, wenn sie sich in Maßen halten, können die meisten Menschen noch etwas anfangen, bei Trauer, Wut und Angst sieht es schon wieder ganz anders aus. Die Angst spielt für uns die interessanteste Rolle, denn alle anderen Emotionen, die wir während einer Bedrohungsreaktion spüren, speisen sich aus der Angst. Wer die Bedrohung nicht in eine Herausforderungsbahn lenken kann, der wird eine Kette von weiteren Emotionen wie Wut, Ärger, Ohnmacht oder Hilflosigkeit auslösen. Tatsächlich haben wir nie gelernt, mit Emotionen und Gefühlen umzugehen und sie als das zu verstehen, was sie sind: unsere wertvollen Ratgeber und Steuerer des Energieflusses.

Wenn sich eine Emotion anbahnt, die wir nicht haben wollen, passiert Folgendes: unterdrücken, alles runterschlucken, einfrieren, wie gelähmt sein, platzen, aus der Haut fahren, kämpfen und ausagieren. Das Problem liegt nicht außerhalb von uns, sondern in uns! Die Unfähigkeit, den Körper zu entspannen und weiterzuatmen, während wir eine Emotion spüren, verstärkt den Druck, die Anspannung, das Herzklopfen, das mulmige Gefühl und die Unruhe. Die Ursache ist aber nicht die Situation da draußen, sondern unsere Wertung der Emotion: Nicht gut! Darf nicht sein! Darf nicht gesehen werden! Die Emotion geht dadurch nicht weg. Sie geht nur in den Keller, stemmt ein paar Hanteln, um sich dann an anderer Stelle wieder nach oben zu bugsieren.

Jeder kennt den Mitarbeiter, der sich vor den Kollegen zusammenreißt, dann nach Hause geht und den Hund des Nachbarn tritt. Irgendwann stehen wir so dermaßen unter Druck, dass wir platzen könnten. Wir schlucken und unterdrücken, wenn wir das Gefühl haben, wir sind am kürzeren Hebel. Wenn wir uns mächtig fühlen, greifen wir an und agieren aus. Beides hilft nicht, sondern verstärkt nur unsere alten Muster.

In den allermeisten Familien sind nur bestimmte Gefühle gern gesehen. Oft zählt Trauer zu den unerwünschten Gefühlen, manchmal ist es Wut, manchmal die Lust, die unterdrückt wird. Das führt dazu, dass wir schon als Kinder unser Gespür für uns selbst und unseren Körper verlieren. So wissen wir dann im Gefühlsfall auch nicht mehr, wohin mit uns, und orientieren uns an den Konzepten, die uns die Welt da draußen anbietet. Diese sind merkwürdigerweise sehr enganliegend, kratzen am Hals und es gibt sie in nur zwei Farben. Rosa und Blau. Die selbsterrichteten Mauern, Sperrgebiete und Grenzen in unseren Köpfen schnüren uns immer weiter den Hals zu. Wir treffen Entscheidungen ganz gegen unsere Gefühle und Emotionen, die sich nicht gut anfühlen, sondern die sich gut andenken.

Jeder Schritt über die gedachten Schranken, Klischees und Konzepte, in dessen engen Rahmen wir uns bewegen dürfen, sorgt für Aufruhr. So geht die Kohärenz flöten. Der Verstand schaltet sich ein und sagt: »Achtung Gefahr, du verlässt gerade die sichere Zone!« Die Realität in diesem Augenblick ist: Du machst gerade eine neue Erfahrung. Alles andere ist in diesem Augenblick reine Fantasie und raubt dir die Geschmeidigkeit. So hängt dein Schicksal an einem seidenen Faden – an der Frage:

Was ist stärker?
Dein Bewusstsein oder dein Autopilot?

Ist dein Bewusstsein stark genug, dich in der Realität zu halten? Oder wird dich der Film in deinem Kopf aus deiner Kraft holen? Kannst du die Bedrohung in eine Herausforderung umwandeln? Oder übernimmt die Panik, und dein Kopfkino verhindert, dass dir alle Kraft und Konzentration zur Verfügung steht? Das hängt ganz und gar von dem Bewusstseinstraining ab, das du geleistet hast. Hast du die Latte jeden Tag ein wenig höher gelegt und trainierst täglich deine neue Lebenshaltung? Meditierst du? Machst du den Faktencheck? Wählst du bewusst einen glücklichen Gedanken am Morgen? Wagst du den inneren Sprung in das Erleben, oder lässt du den Autopiloten laufen? Wie wirst du mit deinen Emotionen jetzt umgehen?

Für Nowitzki ging es plötzlich nicht mehr nur um zwei Freiwürfe, die er praktisch blind werfen kann, sondern um die Krönung seiner Karriere. Also hat er einen emotionalen Anker gesetzt, und das war in mehrfacher Hinsicht genial: Er hat über seine Melodie wieder die Hoheit über seinen Atemfluss zurückgewonnen, sich gleichzeitig entspannt und zudem eine positive Erinnerung aktiviert. Durch sein Lied konnte er ein positives Gefühl abrufen. Du kannst das in schwierigen oder aufregenden Momenten auch!

Mind-Shift

Anker setzen! Wenn Musik nicht unbedingt dein Ding ist, dann rufe einen anderen emotionalen Anker ab. Erinnere dich an einen schönen Moment in deinem Leben und spüre das damit verbundene Gefühl in deinem Körper.
Jedes Mal, wenn du dich weit, entspannt und von Lebensenergie durchströmt fühlst, halte einen Moment inne und mach eine Notiz davon in deinen Zellen! Dieses Empfinden ist ein Ort, an den du jederzeit zurückkannst. Du kannst diese Erinnerung abrufen! Je öfter du sie abrufst, umso stärker wird sie in dir. Spüre das Gefühl in deinem Körper. In besonders schönen Momenten mach ganz bewusst einen inneren Schnappschuss: Ein Feeling-Good-Selfie!

Das zweite Gehirn

Wusstest du eigentlich, dass du ein zweites Gehirn hast? Eins, das in deinem Bauch und Becken lokalisiert ist? Wir Menschen haben diesem Hirn bisher kaum Aufmerksamkeit geschenkt, weil wir unser Gehirn im Kopf als die Krone der Schöpfung ansehen. Im menschlichen System gibt es jedoch keine Einbahnstraße.

Der Körper schickt dem Hirn den ganzen Tag Signale, auf die das Hirn mit einem mehr oder minder effektiven Masterplan reagiert. Damit wir Entscheidungen treffen können, müssen Hirn und Körper eng miteinander kommunizieren dürfen. Das zuerst vom amerikanischen Forscher Michael Gershon als »zweites Gehirn« bezeichnete Wunderwerk des Körpers ist ein Ebenbild unseres Kopfgehirns. Die Zelltypen, Wirkstoffe und Rezeptoren sind genau gleich. Gemeint sind Speiseröhre, Magen, Dünn- und Dickdarm, die ein Nervengeflecht beinhalten, das unmittelbar mit dem autonomen Nervensystem verbunden ist. Das Hirn im Kopf ist mit etwa 86 Milliarden Nervenzellen ausgestattet. Unsere Darmwände haben immerhin mehr als 100 Millionen Nervenzellen und damit mehr Neuronen als das gesamte Rückenmark. Der Bauch steht mit dem Kopf im ständigen Kontakt. Weitaus mehr Informationen werden vom Bauch zum Kopf geschickt als umgekehrt. Das Bauchhirn ist ein komplexes Netzwerk, das autonom lernen und erinnern kann. Es ist nicht für Poesie und Politik zuständig, sondern für die Drecksarbeit: Es sorgt für die Verdauung. Doch das ist nur ein kleiner Teil seiner Bedeutung. Im Bauch entwickeln wir unsere Stimmungen, denn das natürliche Antidepressivum oder Glückshormon Serotonin wird zum größten Teil hier produziert. Die Fülle der Botschaften des Bauchgehirns sind von biologischer Bedeutung für unser gesamtes Leben. Die Signale aus dem Bauch geben dem Gehirn im Kopf einen Überblick über die Gesamtsituation, in der wir uns gerade befinden. Das Bauchhirn kann Informationen aus seinen Sensoren selbst generieren, auswerten und verarbeiten sowie Befehle an Nachbarorgane austeilen.

Wird die Verbindung zwischen Bauch und Kopf gestört, sind wir praktisch allein nicht mehr lebensfähig. Auch wenn wir uns äußerlich nicht verändert und nichts an unserem Wissen eingebüßt haben. Wenn der orbitofrontale Cortex, eine Region direkt über den Augenhöhlen, die für die Auswertung der Körpersignale zuständig ist, beschädigt wird, zum Beispiel durch einen Unfall, sind wir nicht mehr in der Lage, die vom Körper eintreffenden Informationen einzuschätzen, weil wir kein Gefühl mehr wahrnehmen können. Menschen mit solchen Hirnverletzungen sind nicht in der Lage, die banalsten Entscheidungen zu treffen!

Die Geschichte von Elliot

Elliot war ein zufriedener und erfolgreicher Geschäftsmann, führte eine gute Ehe, war ein liebevoller Vater und Vorbild für seine Geschwister und Kollegen – bis er aufgrund eines Hirntumors und einer nachfolgenden Operation einen Teil seines Stirnlappens im vorderen Teil der Großhirnrinde verlor. Die Genesung verlief gut, anfangs schien die Operation ein voller Erfolg, doch nach kurzer Zeit stellten sich Merkwürdigkeiten ein: Elliot kam nicht mehr aus dem Bett; er konnte keinen Zeitplan mehr einhalten; wenn er seinen Schreibtisch aufräumen wollte, überlegte er Stunden, nach welchem Prinzip er vorgehen wollte, und kam zu keinem Schluss; er verlor seinen Job; fiel auf dubiose Geschäftspartner herein; seine Ehe scheiterte; schließlich konnte er nicht mehr allein leben. Elliot war ein Patient des Neurologen Antonio Damasio, der feststellte, dass Elliot zwar überdurchschnittlich intelligent war, es ihm nicht an Wissen oder Erfahrung fehlte – es mangelte ihm an Gefühl. Elliot war kühl bis ins Mark. Er blieb vollkommen regungslos, wenn ihm schreckliche Bilder von einstürzenden oder brennenden Häusern, von Opfern grauenhafter Verkehrsunfälle oder von Menschen, die zu ertrinken drohten, gezeigt wurden. Es regte sich auch nichts in ihm, wenn er Bilder von einst geliebten Menschen oder Objekten sah. Er konnte keine Freude empfinden. Damasio, der Elliot stundenlang befragte, bemerkte in seinem Patienten nicht die leiseste Spur von Ungeduld, Traurigkeit oder Überdruss. Elliot war ruhig und ohne Groll. Menschen wie Elliot können stundenlang grübeln, sie haben jedoch kein Gefühl, das sie zu einer simplen Entscheidung befähigen könnte.

Ohne Gefühle würdest du im Supermarkt vor dem Regal stehen und dich einfach nicht entscheiden können, ob du Kaffee oder Tee trinken willst. Du würdest dir stundenlang über die verschiedenen Varianten Gedanken machen, könntest aber nichts daraus schließen. Du würdest nicht mehr wissen, was du brauchst und wie du dich mit der Entscheidung fühlen würdest. Du würdest keinen Impuls haben, von deiner Couch aufzustehen, und daher einfach liegen bleiben. Du würdest Menschen begegnen und überhaupt kein Gespür mehr dafür haben, wie sie einzuschätzen sind. Wenn das Bauchgefühl fehlt, spürst du nicht mehr, ob eine Situation gefährlich ist oder nicht. Letztendlich wäre es dir egal.

Gefühle und Emotionen

Bauch oder Kopf – nun, was glaubst du, wie rational deine Entscheidungen sind? Auch wenn du es oft nicht wahrhaben willst, so spielen die Signale des Körpers eine zentrale Rolle bei deinen Entscheidungen. Dein Körper lenkt die Debatte in deinem Kopf in die eine oder andere Richtung. Die Ratio erklärt dir dann nachträglich deine Entscheidung. Darüber sollten wir uns bewusst sein. Der Neurowissenschaftler David Eagleman schreibt in seinem Buch *The Brain*, dass die unbewussten emotionalen Vorgänge in unserem Körper große Auswirkungen darauf haben, wer wir sind – oder wer wir zu sein glauben! Forscher sehen sogar einen Zusammenhang zwischen unserer emotionalen Reaktion und unserer politischen Haltung. An einer in den USA durchgeführten Studie konnte anhand der Ekelreaktion auf Reizthemen wie Waffenkontrolle, Abtreibung und vorehelichen Geschlechtsverkehr gesehen werden, welche politische Haltung der Proband hat. Je größer der Ekel, umso konservativer der Mensch. Tatsächlich konnte mit 95 Prozent Wahrscheinlichkeit die politische Haltung anhand eines einzigen ekelerregenden Bildes abgelesen werden. Eagleman führte das zu der Aussage, politische

Überzeugungen entstünden an der Schnittstelle zwischen Körper und Geist.

Gefühle und Emotionen sind keine Schmuddelkinder, sie sind lebensnotwendig und für unser Wohlbefinden ausschlaggebend. Wir wollen an dieser Stelle eine simple Differenzierung zwischen Gefühlen und Emotionen einführen. Wir wollen einen Unterschied festlegen, denn auch hier gibt es verschiedene Sichtweisen, Definitionen und Interpretationen, die wir im alltäglichen Sprachgebrauch wild mixen, während wir letztlich nicht wirklich wissen, was der andere denn nun meint. Für unsere Betrachtungen in diesem Buch führen wir nun diese Unterscheidung ein: Gefühle sind fortwährende Empfindungen. Emotionen sind kurzfristige Irritationen. Du wirst den Unterschied zwischen Gefühl und Emotion ganz schnell durch diese Übung feststellen.

Was empfindest du jetzt in deiner linken Hand?
Und was empfindest du im rechten Fuß?

Was du empfindest, nenne ich fortan Gefühle. Gefühle beziehen sich auf solche Körperempfindungen, sie drücken sich in jedem Moment unserer Wahrnehmung aus: warm, heiß, kalt, kribbelig, fest, eng, ziehend, taub, stechend, leicht... Gefühle sind die Empfindungen unserer Körperlandschaft, die uns erlauben, eine Situation einzuschätzen. Unsere Gefühle lassen uns den ganzen Tag erspüren, wann wir essen, was wir essen, wann wir trinken, wann wir Schlaf oder eine Umarmung brauchen, ob uns kalt oder warm ist, ob wir uns wohlfühlen oder nicht. Sie sind fortwährend und können nicht ausgeschaltet werden.

Emotionen sind gewissermaßen Irritationen unseres Seins, sie sind kurzfristig: Angst, Trauer, Freude, Wut...

Wie wir bereits gehört haben, fließen Emotionen in Sekundenschnelle durch den Körper – zum Glück. Schaffen wir es, sie strömen zu lassen, bleiben wir nicht nur in der Kraft, wir gewinnen sogar noch mehr dazu! Denn wir müssen jetzt nicht mehr in Widerstand gehen und keine Kraft mehr dafür aufwenden, eine Emotion zu unterdrücken oder auszuagieren. Physische Blockaden lösen sich auf, und mit ihnen entspannt sich der Geist: Wir fühlen uns lebendiger, frischer und leichter. Mit den Emotionen verhält es sich so wie mit den Farben des Regenbogens oder den Saiten eines Musikinstruments. Sie sind erst einmal weder gut noch schlecht. Deswegen ist dieser gewisse Kitzel, die Aufregung, die wir spüren, wenn etwas Außerordentliches passiert, für die einen eine Bedrohung und für die anderen eine Herausforderung. Im Prinzip sind es aber die zwei Seiten derselben Medaille. Je nachdem, wie wir unser Empfinden bewerten, leiden wir darunter und werden krank, oder wir überflügeln uns selbst und schaffen Dinge, die wir zuvor für unmöglich gehalten haben. Hier können wir uns wahrhaft eine große Scheibe von den Spitzensportlern abschneiden!

Mach's wie Klitschko!

Spitzensportler nutzen genau diese Zusammenhänge, um über sich selbst hinauszuwachsen. Es gibt wenige Sportarten, bei denen die physische Komponente der Angst so dramatisch zum Ausdruck kommt wie beim Boxen: Die Angst dort ist archaisch. Es geht um den eigenen Körper, um Sieg oder Niederlage, Kampf oder Flucht. Wladimir Klitschko ist einer der weltbesten Boxer und spricht als einer der wenigen sehr offen über eine Emotion, die die meisten Menschen lieber unter den Teppich kehren, er spricht über seine Angst und wie er mit ihr umgeht: »Ich mag es, wenn mir in kritischen Situationen die Finger und der Bauch kribbeln. Ich nutze mein Adrenalin. Angst ist in meinem Fall sogar ein besserer Motivator als Freude. Sie gibt mir den Kick, wenn ich merke, dass es der richtige Schritt ist. Ich will ihn gehen. Ich stelle mich der Herausforderung, nehme sie an und meistere sie. Unbedingt.« Erkennst du, wie er hier eine gefühlte Bedrohung neu bewertet und in eine Herausforderung transformiert? Dass das wirkt, haben auch Forscher bestätigt. Klitschko deutet seine Empfindungen als etwas Positives. Er freut sich sogar drauf. Er öffnet sich für die körperliche Erfahrung, geht raus aus dem Widerstand und nutzt die Emotion und die dadurch zur Verfügung gestellte Energie, um sich seinem selbst gesteckten Ziel zu nähern. Für Klitschko ist es wichtig, »seine Ängste zu verstehen, zu akzeptieren und schließlich zu überwinden. (…) Wenn wir die Herausforderung erkennen, annehmen und meistern, gewinnen wir vieles. Nicht nur die Erkenntnis, dass die Angst keine reale Grundlage hatte, sondern auch, dass wir mutiger werden, wenn wir sie überwunden haben.«[15]

Mind-Shift

Die Angst lieben lernen: Wenn du das Kribbeln in den Fingern und im Bauch verspürst, heiße deine Angst willkommen! Sie kann ein fantastischer Motivator sein. Freu dich, dass sie da ist, und nutze die Energie, um aktiv zu werden und dich zu bewegen. Erinnere dich: Bewegung und Körpergewahrsam beenden die bedrückenden Gedankenschleifen in deinem Kopf und erlauben dir, ganz neue Lösungen zu finden.

Lampenfieber und andere plötzliche Irritationen

Eine Irritation, die vermutlich jeder mehr oder minder kennt, ist die plötzliche Angst, die aufsteigt, wenn wir eine Präsentation, einen Vortrag oder eine Prüfung absolvieren müssen. Und plötzlich geht gar nichts mehr. Mich persönlich hat das die mündliche Abiturnote gekostet, ich hatte den berühmten Blackout, das Nichts-Geht-Mehr. Wir bringen kein Wort raus, stammeln nur noch, schwitzen. Wir haben Lampenfieber!

Lampenfieber, das kennt Moritz Zielke auch richtig gut. Zielke ist Schauspieler, Musiker, Designer und in erster Linie Mensch. Seit er zehn Jahre alt ist, steht er vor der Kamera, wurde später vom Schulhof weg für die »Lindenstraße« gecastet und ist dort als Momo mit uns groß geworden. Da er das Bewusstseinstraining auch aus seiner eigenen Erfahrung kennt, ist er mein perfekter »Komplize« in dieser Angelegenheit. Er beschreibt aus seiner Perspektive, wie der bewusste Atem uns im grundsätzlichen Umgang mit Emotionen unterstützt und was speziell bei Lampenfieber hilft.

Moritz Zielke: »Lampenfieber kenn ich. Da ist die Kamera. Das Rotlicht geht an. Und dann kann es passieren. Aber dafür brauchst du noch nicht mal das Filmset, das kennen wahrscheinlich ganz viele Menschen – wenn du von außen begutachtet und bewertet wirst. Also, ich kenn das total gut. In akuten Krisen- oder Irritationsmomenten ist für mich das Wichtigste zu bemerken: Was verspannt sich, und wo kann ich lockerlassen und den Atem weiter fließen lassen? Was ich heute mit der Erfahrung der Achtsamkeit und des bewussten Atems anders mache, ist erst mal, darüber sprechen zu können – ohne die Angst, abgelehnt zu werden. Es anzusprechen stößt meistens auf offene Ohren, egal ob das am Filmset ist oder sonst wo. Viele können das schätzen, weil es menschlich ist und dich nahbarer macht.

Ich konzentriere mich und frage mich: Was ist denn das Schlimmste, was passieren könnte? Es wird dir weder jemand den Kopf abreißen noch dich erschießen, der Erdboden wird sich nicht auftun, ich werde auch nicht in der Hölle schmoren, nur weil ich mich gerade nicht wohlfühle… Also, was ist die Realität? Das hilft mir, mich in dem Moment zu entspannen. Der bewusste Atem hat total dazu beigetragen, einfach dass ich den Atem weiter fließen lasse. Auch wenn ein Schweißausbruch kommt zu bemerken: Wo sind Verspannungen? Was macht den Atem flacher? Nicht nur für den Schauspieler, für jeden Menschen ist der Körper ja ein Instrumentarium und in solchen Situationen noch mal mehr. Die Ruhe kommt dann aus einer tatsächlichen Erfahrung. Vielleicht ist es das: die größtmögliche Ruhe zu finden, auch wenn das Herz weiter heftig schlägt, der Schweißausbruch da ist – dann ist das eben so. Dennoch den Atem weiterfließen lassen.«

»Wie würdest du die Wirkung des bewussten Atems beschreiben?«

Moritz Zielke: »Der bewusste Atem legt etwas frei. Erst mal ist es eine Entblätterung, es ist ein Freilegen von dem, was gerade anwesend ist, was man sonst nicht sieht. Und es ist schön, da mitzugehen. Wirklich mit dem, was gerade da ist, zu gehen. Dieser vertiefte, verbundene Atem gekoppelt mit der Konzentration versetzt dich in die Lage, körperliche Sensationen und Emotionen auszuleuchten und zu beobachten. Es wird gesehen, es ist freigelegt, es wird eingeordnet und aufgefangen, und es darf da sein, es wird nicht mehr weggedrückt. Und so verliert es seine Kraft, seine Macht.«

»Was ist das denn, was da seine Macht verliert?«

Moritz Zielke: »Ach, das sind die Missverständnisse aus der Kindheit, die Gedanken, die Emotionen, die einen beherrschen, genau das. Die verlieren ihre Kraft, weil sie gesehen werden. Und du siehst auch, wie einfach das Leben dahinter ist! Was für Riesengebilde an Gedanken da in einem stehen und wie kompliziert der Geist alles macht. Dann sieht man vor lauter Gedanken den Wald nicht mehr oder den Menschen nicht mehr; man spürt die Seele nicht mehr.«

»Hast du denn jetzt weniger Lampenfieber, kann man das so sagen?«

Moritz Zielke: »Könnte man so sagen, ich bin im besten Sinne selbstsicherer. Ich bin mehr bei mir. Und vielleicht muss man auch sagen, viele haben den Anspruch, dass es irgendwann für immer, ein und für alle Mal vorbei ist mit den krisenhaften Irritationen – das ist es nicht. Du hast auch Rückschläge, dann springt es dich noch mal an, aber dann kannst du deine Erfahrung einbringen und schneller und tiefer Entspannung finden. Also, auch wenn der Grund mal schwankend ist, so bin ich mir meiner selbst sicher – immer mehr. Es gab für mich einen Punkt in eurem Training, an dem ich gemerkt habe, es gibt definitiv keinen Weg zurück. Ich kann nicht mehr zurück und sagen: Ich vergesse das alles wieder und lebe mein altes Leben, ich habe alles wieder wie vorher und habe meine Ängste zurück und meine Unfreiheit. Ich hab mich ja auch ganz wohl dabei gefühlt, das alles wegzudrücken. Das geht nicht mehr. Der Deckel ist so weit ab, es geht nicht zurück.«

»Wie gehst du denn heute grundsätzlich mit Emotionen um?«

Moritz Zielke: »Über das Bewusstseinstraining habe ich einen bewussteren Umgang mit Emotionen gefunden. Das Beruhigende ist, dass mich Emotionen nicht so packen müssen, nicht so schütteln müssen, dass ich mich mehr distanzieren und gleichzeitig die Emotionen mehr und klarer sehen kann. Und das konnte ich auch für die Schauspielerei nutzbar machen. Das ist einfach toll und macht auch wirklich Spaß zu sehen, wie schnell das geht! Nicht immer, da gibt's auch hartnäckige Ängste und hartnäckige Emotionen, aber wie schnell ich da rausfinden kann, das ist total toll! Ja, das war tatsächlich eine Form der Bewusstseinserweiterung.«

Eine kurze Geschichte der Schuld

Im Alltag mischen wir Emotion mit Gefühl und verwechseln obendrein beides sehr häufig mit Gedanken. Das zeugt von unserem Analphabetismus in diesen Sphären. Wenn wir in einer Krise stecken, antworten wir auf eine simple Frage wie: »Was fühlst du gerade?«, ernsthaft mit: »Ich fühle mich schuldig; ich fühle mich ausgegrenzt; ich fühle mich unfair behandelt.« Fällt dir was auf? Wir antworten mit Gedanken. Wir erzählen kurze Geschichten! Im Falle von »Ich fühle mich schuldig« erzählen wir eine kurze Geschichte von Schuld. Daran erkennst du bereits, dass wir nicht besonders gut darin trainiert sind, Gedanken, Emotionen und Gefühle voneinander zu trennen. »Sich schuldig fühlen« ist kein Gefühl. Es ist ein Gedanke oder eine Story, die wir erzählen. Was soll denn Schuld für ein Gefühl sein? Das Gefühl selbst ist doch nur ein Druck im Magen oder vielleicht auch eine Enge im Hals oder in der Brust. Mehr nicht! Das ist die ganze Schuld! Wenn wir dann weitergehen und fragen: »Okay, das Gefühl ist eine Enge im Hals. Was ist denn dann die Emotion?« Dann kommt: »Wie? Ich hab doch schon gesagt, ich fühle mich schuldig.«

Die Emotion aber ist Angst! Diese von unserem Verstand erzeugte Emotion springt in dem Moment an, in dem wir glauben, an etwas schuld zu sein. Wir haben Angst davor, etwas Falsches gemacht zu haben. Das Konzept von Schuld hält uns gefangen, wir stecken im Kerker der Schuld und bestrafen uns selbst. Schuld wird besonders häufig im Namen von Religionen verbreitet und ist bei religiösen Menschen auch besonders wirksam. Im hochgläubigen Polen steigt heute die Zahl der Teufelsaustreibungen. Schwule und Lesben suchen dort vermehrt Priester auf, weil sie sich für ihre Sexualität schuldig fühlen. Sie glauben, irgendetwas in ihrem Verhalten habe den Teufel eingeladen, der sie in die Homosexualität hineinlullt. Die Emotion, die unter der Schuld liegt, ist pure Angst; Kinderangst, etwas falsch gemacht zu haben und nicht im Sinne des Glaubens, der dort mit dem Tauflöffel verabreicht wird. In diesem Fall wirst du mir wahrscheinlich zustimmen, dass die Schuld absurd ist und nur auf einer Angst beruht. Aber was ist, wenn ein Mensch einen anderen Menschen tötet: Ist er dann etwa nicht schuld an dessen Tod?

Ich bitte dich, mit mir nur ein wenig die Perspektive zu verändern und etwas mehr aus der Vogelperspektive zu schauen, wie es ohne ein Schuldkonzept in deinem Kopf wäre. Um klar zu bleiben: Der Täter ist zu 100 Prozent verantwortlich für den Tod des anderen und muss selbstverständlich die Konsequenzen für seine Tat tragen. Hätte er aber etwas anderes machen können in dem Moment, in dem er die Tat beging? Sicherlich nicht. Tatsache ist: Er hat es getan. In dem Bewusstseinszustand, in dem er in diesem schicksalhaften Moment war, war er zu nichts anderem fähig. Er verfügte nicht über mehr Bewusstsein, mehr Liebe, mehr Klarheit, es war leider nichts davon da. Nichts, was dieser Mensch jetzt sagt, tut oder denkt, kann seine Tat entschuldigen. Schuldgefühle lassen den Täter sogar zu einer Art Opfer werden. »Ich fühle mich so schuldig!«, hilft keinem Menschen weiter.

Dieses Beispiel ist ein Extrem, das nahezu jedes Mal zur Diskussion gebracht wird, wenn wir uns mit dem belastenden Konzept von Schuld auseinandersetzen. Es lenkt jedoch nur von der Tatsache ab, dass sehr viele Menschen – wahrscheinlich kennst du auch jemanden – unter den absurdesten Schuldkomplexen leiden: subtile Ängste, die kaum bis gar nicht bewusst sind, sich jedoch in einem angestrengten Verhalten ausdrücken. Wer sich schuldig fühlt, muss Buße tun. Er strengt sich an, es wiedergutzumachen. Viele leiden unter dem Irrglauben, für die Gefühle und Emotionen von anderen Menschen zuständig zu sein. Sie glauben, wenn sie nur lieb genug sind, wird der andere glücklich sein. Ist er das nicht, sind sie schuld. Viele meiner Klienten glauben, ihren Partnern nicht die Wahrheit sagen zu können, weil sie dann befürchten, schuld zu sein an den emotionalen Reaktionen, die der andere hat oder nicht hat.

Wer in der Lage ist, dieses lästige Schuldkonzept für sich zu durchschauen, hat den ersten Akt zur Befreiung aus dem Würgegriff der Angst vollzogen.

> *Der Gedanke ist Schuld.*
> *Die Emotion ist Angst.*
> *Das Gefühl ist Druck, Enge …*

Wie gesagt, in unseren Breiten sind wir nicht besonders geübt darin, unsere Gedanken, Emotionen und Gefühle zu identifizieren. Wir haben ein Knäuel von irgendwas und laufen damit durchs Leben. Ein erster Schritt zur Lösung ist, die Sache strukturierter zu betrachten. Die Differenzierung deutet auf einen Ausgang aus der kritischen Situation hin. Durch die Tür musst du dann allein gehen. Wer seine Gedanken, Emotionen und Gefühle benennen und trennen kann, hat Distanz zu seinem Erleben entwickelt. Du hast bereits die Perspektive verändert, schaust eher von außen drauf, als mittendrin verklebt und verwirrt zu sein. So trainierst du, mit Emotionen und Gefühlen umzugehen, auch wenn du verwirrt, verärgert oder aufgeregt bist.

Wir verbinden Emotionen häufig mental mit alten Geschichten. Dabei ist die Geschichte schon lange vorbei, und alles, was geblieben ist, sind Spuren einer Erfahrung: Druck und Enge. Wir erleben Emotionen immer dann, wenn wir uns nicht mehr im Gleichgewicht befinden. Sie haben eine Schwingung, sie können sich sehr schwer oder leicht anfühlen – in der Musik würden wir sagen, sie haben einen bestimmten Ton und erzeugen eine bestimmte Frequenz, die vom Gegenüber wahrgenommen werden kann. Diese Schwingungen sind eine Kommunikationsmöglichkeit, die Topmusiker, Künstler aber auch viele Politiker, motivierende Führungskräfte, Menschen, die gern in der Öffentlichkeit stehen, in ihrem Wirken beherrschen, ja sie geradezu suchen und wie eine Klaviatur rauf und runter spielen können. Sie schaffen es, bestimmte Emotionen in anderen Menschen auszulösen. Wenn wir uns nicht zum Spielball anderer machen möchten, bleibt uns nichts anderes übrig, als uns mit unseren Emotionen auseinanderzusetzen. Nur so können wir unser Gleichgewicht und unsere Souveränität herstellen.

Solange du noch voller Druck, Wut, Trauer oder Angst bist, bist du zu keiner klaren Einschätzung der Situation fähig. Wer eine Emotion wie Angst, Wut oder Trauer nicht haben will, sagt praktisch: »Ich liebe den Regenbogen, aber die Farbe Rot möchte ich nicht! Alles Rote in der Welt sollte verschwinden!« Die Emotion ist völlig neutral, sie ist nicht das Problem. Unsere Wertung, die Story, die wir der Emotion anheften – schlimm, sehr, sehr schlimm! –, das ist der Knackpunkt. Emotionen sind nicht dafür gedacht, uns tagelang zu begleiten. Wenn wir aus dem Lot geraten, will uns Wut beispielsweise in unsere Kraft bringen. Unser Navi ruft: »Hallo, hierherschauen! Hier stimmt gerade etwas nicht! Du hast soeben deine Kursrichtung verlassen! Bitte entspann dich, konzentrier dich und schau genauer hin!« Das Navi sagt uns nicht: »Geh an die Decke!« Damit wäre auch wirklich niemandem geholfen. Emotionen steigen in uns auf, wenn wir aus unserer natürlichen Souveränität herausfallen. Sie fließen in Wellen durch unseren Körper, hin und wieder ähneln sie tatsächlich den Wehen einer werdenden Mutter – so intensiv empfinden Männer wie Frauen sie, wenn sie lange verschollen waren und plötzlich nach oben strömen dürfen.

Selbstverständlich haben alle Menschen alle Emotionen, auch der Dalai Lama kennt Wut. Der große Unterschied zwischen uns und ihm ist, dass seine Emotionen nicht so oft anklingen und dass er sie sehr viel schneller durchfließen lässt, er bietet nicht so viel Widerstand wie wir. Der Dalai Lama kommt sehr viel direkter in seinen heiteren und entspannten Grundzustand zurück. Du kannst das auch! Du musst es nur trainieren.

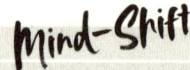

Zoome deine Aufmerksamkeit hinein in deinen Körper und benenne Gedanken, Emotionen und Körpergefühle.
- *Was denkst du?*
- *Welche Emotion nimmst du wahr? Wut, Angst, Trauer …*
- *Welche Körpergefühle spürst du? Druck, Enge, Hitze, Kälte … Wo fühlst du sie?*

Das Tor zu deiner Kraft ist dein Atem

Wie gehen wir nun mit Emotionen um? Wir müssen dafür sorgen, dass wir trotz der Irritationen weiteratmen. Atem ist Leben. Die Atmung ist die Verbindung zu unserer Lebensenergie. Jedes Mal, wenn du flacher atmest oder in ganz schwierigen Situationen den Atem komplett kappst, trennst du dich von deiner Kraft. Das, was du jetzt brauchst, steht dir nicht mehr voll zur Verfügung. Wer seinen Atem in krisenhaften Momenten fließen lassen kann, der befreit sich selbst aus der Krise und macht eine Selbsterfahrung. Der Mensch ist das einzige Lebewesen, das ganz bewusst auf seine Lebensenergie Einfluss nehmen und damit den Geheimnissen des Lebens auf die Schliche kommen kann. Atemarbeit war immer Zentrum und Ausgangspunkt der Bewusstseinsarbeit, und alle großen spirituellen Traditionen lehren Atembewusstsein. Mit Achtsamkeit wenden wir uns dem Atem zu und werden uns immer tiefer des eigenen Körpers und der – oft verborgenen – Gefühle und Emotionen bewusst. Vor allem lernen wir über den Atem die Wirklichkeit und Aufgabe des Menschen in dieser Welt zu verstehen. Wir kommen dem zumindest näher.

Aber wir müssen gar nicht so hoch greifen. Ohne Atembewusstsein im Alltag sehen wir ganz schön alt aus: Jeden Tag machen wir Erfahrungen, die wir nicht erleben möchten, und kreieren energetische und körperliche Blockaden, die sich auch in unserem Atemverhalten ausdrücken. Das führt dazu, dass wir tagtäglich kaum mal vollständig ein- und ausatmen. Wir halten so unser relativ niedriges Energielevel in Schach – und es ist uns noch nicht einmal bewusst! Etwas Außerordentliches passiert, es darf nicht sein, die Atmung kommt ins Stocken, im Körper wird eine erhöhte Spannung aufgebaut, und es entstehen Verhärtungen. Der Schreck fährt uns buchstäblich in die Glieder und bleibt dort stecken. Parallel zur Entwicklung einer psychischen Struktur in jedem von uns entwickelt sich entsprechend unserer Atemmuster eine individuelle Körperstruktur. So sind wir geübt darin, mit jeder außergewöhnlichen, überraschenden oder schmerzhaften Erfahrung unsere Atmung zu verändern, um das Erlebte zu kontrollieren. Wenn es schlimm wird, atmen wir flach oder halten den Atem sogar ganz an. Das passiert aber auch bei freudvollen Emotionen. Oder kannst du entspannt echte Komplimente annehmen oder eine Dankesrede dir zu Ehren ertragen? Im Laufe der Zeit wird es allmählich zur festen Gewohnheit, nichts zu fühlen, nicht zu weinen und nicht wütend zu werden – oder eben genau das Gegenteil davon: alles auszuagieren. So lernten viele schon als Kinder, die Kontrolle im Kontrollverlust zu behalten. Wir haben einen blockierten Körper voller Widerstände – und wir wissen es nicht. Doch die verdrängten Teile unseres Selbst machen sich irgendwann bemerkbar durch schmerzende Körperteile, Krankheiten, durch Gefühlsausbrüche oder Lebenskrisen. Der Körper lügt nicht! Er bietet uns aber immer auch die Gelegenheit, eine Wachstumschance zu ergreifen.

Ich bin in meinem Leben nur sehr wenigen Menschen begegnet, die aus dem Stand völlig befreit und entspannt atmen konnten. Ich selbst habe Jahre gebraucht, dahinzukommen. Unbewusst wehren wir uns gegen die eigene Lebensenergie; wir haben Angst vor der eigenen Kraft. Denn sobald wir tiefer atmen, spüren wir uns mehr. Das Erleben wird bunter, klarer, deutlicher. Das ist genau der Grund, warum wir oft flach atmen: Wir wollen vieles gar nicht spüren. Denn stell dir vor, du würdest von nun an auf dein Herz hören! »Nicht auszumalen, was dann für ein Chaos ausbrechen würde«, so die Angst in deinem Kopf. »Nein, danke«, denkt das Ego, »da behalten wir doch lieber die Kontrolle.«

So haben wir über die Jahre gelernt, uns nicht so deutlich wahrzunehmen. Den allermeisten fällt es unsäglich schwer, ein Mehr an Atem in der Einatmung aufzunehmen, und den Wenigsten gelingt es, den Atem in der Ausatmung entspannt und vollständig fließen zu lassen. Wir haben ganz merkwürdige Atemkontrollmuster einstudiert – aber bitte: Bevor du weiterliest, mache selbst einen kleinen Test dazu.

Mind-Shift

Setz dich aufrecht hin. Leg die Hände auf den Bauch und atme tief ein. Wohin bewegt sich dein Bauch in der Einatmung? Ziehst du den Bauch nach innen oder oben, oder geht er nach außen oder unten? Atme tief aus. Was macht dein Bauch jetzt?

Mensch, du kannst nicht loslassen!

Sehr viele Menschen ziehen in der Einatmung den Bauch nach innen oder oben. Das sieht zwar schlanker aus, ist aber komplett gegen den natürlichen Atemfluss. Viele ziehen dabei auch noch unnötigerweise die Schultern mit nach oben, verspannen den

Kiefer und strengen sich unbewusst unglaublich an. Beim Ausatmen wiederum helfen viele unnötig nach, pressen oder pusten aus, weil sie körperlich gar nicht »begriffen« haben, dass die Ausatmung passiv geschieht und wir sie einfach zulassen beziehungsweise fließen lassen könnten. Es ist schon erstaunlich, wie viel Mühe wir uns geben, für einen Akt, der eigentlich von selbst geschieht. Denn die Wahrheit ist:

Dein Atem atmet dich!

Deine Lebensenergie fließt und möchte nichts als fließen. Alles atmet, bewegt sich, öffnet und schließt sich, expandiert und zieht sich wieder zusammen. Ein immerwährender Kreislauf. Atem ist nicht nur lebensnotwendig, Atem ist die Lebensenergie selbst. Ist unser Atem gestört, ist unser Leben gestört. Vertieft sich unser Atem, vertieft sich unser Leben. Atem ist der direkteste Weg zu Freiheit und Selbstverwirklichung. Eigentlich müssten wir nur alles so sein lassen, wie es natürlicherweise ist, und wir wären frei. Eigentlich! Aber gerade das können wir nicht. Selbst wenn wir auf dem Boden liegen und entspannen möchten, halten wir Hochspannung im Körper: in der Stirn, im Nacken, im Kiefer, in den Schultern, im Becken… Dabei wussten wir schon einmal, wie es geht, und das verborgene Wissen ist noch da.

Unser Leben begann mit einem Einatmen und wird mit einem Ausatmen enden. Als Babys wussten wir es noch sehr genau; in einem geschützten und geborgenen Umfeld atmeten wir entspannt und tief. Beim Einatmen weitete sich die Lunge, der Bauch wölbte sich, und der Beckenboden wurde weit, beim Ausatmen entspannte sich alles wieder und wurde flach. Unsere Lunge hat sich vollständig gefüllt, der Atem konnte frei durch unseren Körper fließen. Wir waren unserem Ursprung und der Einheit mit der Mutter noch so nah.

Ob Freude oder Schmerzen, ein Baby drückt seine Gefühle mit seinem ganzen Körper aus. Unabhängig von der körperlich-geistigen Kondition ist es ein heiles Wesen mit einer heilen Seele. Und doch erfährt es mit dem ersten Atemzug, dass es unzulänglich ist und nicht allein überleben kann: Mit dem Leben beginnt das Lernen, und damit entwickelt sich das individuelle Drehbuch des Lebens, die »Story«. Als Neugeborene begannen wir bereits, Überlebensstrategien zu entwickeln, die sich in unserem Körper-Geist-System niederschlugen. Wir fielen aus der ursprünglichen Einheit von Körper, Geist und Atem heraus. Wir verließen das Paradies – ein tief verborgenes Wissen und eine Sehnsucht blieben. Diese Sehnsucht nach dieser Verbindung, sie schickt uns dann doch irgendwann auf die Suche nach dem Weg zurück nach Hause – zurück in die ursprüngliche Einheit. Die Wahrheit ist:

Wenn der Atemzyklus abgerundet und der Atem entspannt ist, löst sich alle Spannung schließlich auf.

Dein Atem kann das! Wenn du natürlich atmest; dich deiner Atmung hingeben kannst; tatsächlich das Gespür dafür entwickelst, dass es dich atmet, dass du gar nichts tun musst, nichts können oder wissen musst, weil es bereits dein innigster Besitz ist, dann passiert es: Blockaden, Verspannungen, Verhärtungen lösen sich auf. Emotionen fließen schwuppdiwupp durch deinen Körper, und du fühlst dich tatsächlich wie neu, durchströmt und in deiner Kraft. Wo dein Körper vor Kurzem noch verschlossen war und kaum Energie hatte, dort fließt es auf einmal. Dein Widerstand ist anfangs noch deutlich spürbar und nimmt mit der Zeit ab. Dein Atem entfaltet und erweitert sich. Du verspürst Erleichterung und Freude – dann hast du Emotionen zugelassen und integriert.

Stefanies Erfahrungsbericht zum bewussten Atem

»Als ich zu meiner ersten Einzelsitzung zu Beata ging, setzte ich mich guter Dinge ihr gegenüber auf den Stuhl, schaute vertrauensvoll in ihre Augen, und wir redeten zunächst in größerem Bogen über meinen bisherigen Lebensweg. Während wir so sprachen, tauchte überraschend ein Bild in mir auf: Ich sah eine Plexiglasscheibe zwischen mir und einer Gruppe von Menschen. Diese konnte ich sehen und hören, sie konnten mich sehen und hören, aber etwas blieb zwischen uns fremd, abgesperrt. Ich beschrieb Beata dieses Bild, und sie lenkte daraufhin meine Aufmerksamkeit auf meinen Atem, seinen Fluss, ließ mich ihn vertiefen, verbinden, spüren…

Schon nach wenigen Atemzügen schwemmte sich eine Traurigkeit in mir hinauf, die ungeahnt stark war und die ich nicht in mir festhalten konnte. Kleine Schluchzer entrangen sich meiner Kehle, ich begann zu weinen, erst in kleineren Wellen, die wieder abebbten, mir eine Pause gönnten, dann auch in größeren Wellen. Und trotz des Schmerzes fühlte ich mich geborgen, spürte Beatas Nähe, hörte ihre Stimme, fühlte meinen Atem, den sie immer sanft begleitete und nicht versiegen ließ.

Als auch die letzte Welle zur Ruhe kam, fühlte ich mich sehr warm, zart, etwas zittrig, verletzlich mit tiefer Rührung, wie gerade geboren.

Diese Sitzung und auch die folgenden ließen meine Empfindung von Fremdheit – das Plexiglas, das über Jahrzehnte mein Lebensgefühl gewesen war – immer weiter abfließen. Alter Schmerz hatte sich wohl in durchsichtiger Form zwischen mich und die Menschen geschoben. Diesen Schmerz zu fühlen, während ich weiteratmete, getragen von Beatas Anwesenheit, hat ihn aus mir herausfließen lassen.

Ich kann heute mit einer vorher nicht gekannten Herzlichkeit und Offenheit auf Menschen zugehen und erlebe viele beglückende Begegnungen, selbst mit Wildfremden. Ich habe viel

Energie zur Verfügung und kann mir neue Lebensbereiche er-
schließen, deren Wege ich mir vorher nicht zugetraut hatte.

Viele Monate nach der ersten Atemsitzung stellte ich zudem
überrascht und lachend fest, dass sich meine Hochsensibilität auf
Geräusche und visuelle Eindrücke fast verabschiedet hatte.«

Der bewusste Atem

Atmen wir bewusst und lenken den Fokus auf unsere Erfahrung
im Körper, so nehmen wir einfach nur deutlicher wahr, was im
Moment anwesend ist – also das, was wir sowieso den ganzen Tag
an Ballast dabeihaben. Mit Ballast meine ich unterdrückte Empfindungen, Gefühle, Emotionen und alles das, was uns davon ab-
hält, in unserer Kraft und Mitte zu stehen.

Durch das bewusste Ein- und Ausatmen in einem entspannten Rhythmus und in einem sicheren Umfeld werden Energieka-
näle frei, die tief in das Körper-Geist-System führen. Findet die
Atmung tatsächlich natürlich statt, durchbricht sie unsere alt-
gewohnten Atemmuster. Es entsteht ein Schaufelmechanismus:
Nach und nach klopfen alte unterdrückte Emotionen und Körperempfindungen an, die wir jetzt auf der Projektionsfläche des
Körpers zulassen und zu Ende fühlen können.

Wir setzen Kräfte frei, die wir zuvor für die Unterdrückung dessen genutzt haben, was wir nie wieder fühlen wollten. Und hier
kommt die beste Nachricht: Wir haben das Schlimme schon hinter uns. Es ist schon lange vorbei!

Atemschaukel

Da wir uns angewöhnt haben, den natürlichen Atemfluss praktisch mit jedem Atemzug zu durchbrechen, ist unser Weg zurück in die Freiheit, die Atmung wieder natürlich und vollständig fließen zu lassen. Es geht im Alltag gar nicht darum, mehr zu atmen, sondern darum, bewusst weiterzuatmen, was auch geschieht. Wenn dich etwas aus deiner Liebe, Freude oder Ruhe holt, frage dich: Kannst du atmen? Kannst du atmen, wenn du fällst? Wenn du dich erschreckt hast? Wenn dich etwas irritiert, ärgert oder dir Sorgen macht? Kannst du bewusst atmen?

So will dein Körper atmen, wenn du Emotionen wahrnimmst. Du lässt sie kommen, du spürst sie, und du spürst auch, wie sie wieder abebben und vorbei sind. Du leistest keinen Widerstand gegen deine Emotionen mehr. Ganz im Gegenteil: Du öffnest dich für die Erfahrung. Spüre die Füße auf der Erde. Wenn du sitzt, ist dein Becken fest auf deinem Sitzplatz verankert, und gleichzeitig kannst du vollkommen loslassen und die Erfahrung zulassen: das Strömen deiner Lebensenergie. Beckenboden und Bauch sind entspannt – nicht erschlafft. Du surfst auf dem Atem, als würdest du auf den Wellen des Meeres surfen. Deine Konzentration ist auf den Atem und auf das Erleben im Körper gerichtet. Genieße es, denn wenn du dich tatsächlich in eine Emotion hinein entspannen kannst, dann bist du danach garantiert freier! Das Verdrängte, Versteckte und verloren Geglaubte gelangt ans Licht. Es ist das schönste Gefühl der Welt, das sich dann einstellt.

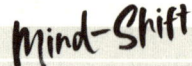

Mind-Shift

Bewusst atmen – ja, gern, aber wie? Also: Stell dir vor,
du sitzt auf einer Schaukel und schwingst mühelos vor und
zurück. Am Ende des Aufschwungs ist ein Höhepunkt:
Es scheint, als stünde die Schaukel still in der Luft – für einen
kurzen Augenblick. Als würde die Welt innehalten. Und dann
schwingst du voller Kraft zurück – wieder ohne Mühe. Am Ende
des Schwungs erlebst du erneut den wunderlichen Stillstand.
So geht es auf und ab in einem verbundenen, runden und sehr
entspannten Rhythmus. Voller Energie.
Dieselbe Erfahrung machst du, wenn du natürlich atmest
oder, besser noch, wenn du erlaubst, dass deine Lebensenergie
frei und kraftvoll fließen kann. Auch hier gibt es solche
Höhepunkte am Ende der Ein- sowie am Ende der Ausatmung:
scheinbare Pausen. Es ist jedoch kein Stillstand, sondern der
Moment, in dem die Einatmung in die Ausatmung übergeht
und umgekehrt. Diese beiden Höhepunkte möchtest du beim
Atmen erfahren. Du willst sie mitnehmen und dich nicht mehr
ausbremsen in jedem Schwung. Dann atmest du natürlich,
vollständig und verbindest dich mit deiner Kraft.
Die Bewegung selbst kommt aus dem Becken. Im Einatmen kippt
dein Becken ganz sachte nach vorn und im Ausatmen zurück.
Stell dir dein Becken wie eine Schale voller Wasser vor. In der
Einatmung würde etwas Wasser vorn überfließen.
Der Oberkörper ist offen und entspannt und bleibt es die
ganze Zeit. In der Einatmung entfaltet sich der Atem ohne
Mühe. Die Ausatmung passiert von selbst – ohne Pressen
oder Pusten.

Mit bewusstem Atmen zum Deutschen Meister

Wir haben im Trainingslager begonnen, uns mit der Macht der Emotionen zu befassen, und wollen nun auch dorthin zurückkehren. Basketballer Fritz Förster, ehemaliger Junioren Nationalspieler und heutiger Spieler der deutschen Nationalmannschaft (Ü50), hat sehr inspirierende Erfahrungen mit dem bewussten Atem gemacht: »Ich habe mich bewusst für ein Atemtraining entschieden, da meine Atmung immer schon ein limitierender Faktor war. Bei Erkältungen und Allergien waren immer meine Bronchien betroffen. Bei Angst und Druck stockte der Atem. Auch als Leistungssportler schien meine Atmung mich einzuschränken. Durch die Methoden des bewussten Atmens hat sich vieles verändert, und dann nach wenigen Monaten, kurz vor meinem 50. Geburtstag, platzte der Knoten. Gefühlt zum ersten Mal konnte ich frei atmen. Als hätte mein Körper einen verborgenen Kanal gefunden, durch den mein Atem nun frei fließen kann. Anfangs spielte ich mit dieser neuen Energie beim Laufen, Tauchen und Basketball. Selbst in Momenten von Angst und Druck spürte ich die Freiheit, tief und voller Kraft zu atmen. Sie war nun ein Teil von mir und führte mich zu meinem ersten Deutsche-Meisterschaft-Titel (Ü50) im Basketball.«

Bewusstes Atmen geht immer und überall. Voraussetzung ist deine Konzentrationsfähigkeit – die Fähigkeit, über einen längeren Zeitraum mit der Aufmerksamkeit bei einer Sache bleiben zu können. Das müssen wir trainieren, genauso, wie wir eine Sportart üben müssen, um wirklich gut darin zu werden. Eine wunderbare Übung, die dich darin unterstützen kann, Bewusstsein für den Atem aufzubauen, ist: Lausche deinem Atem.

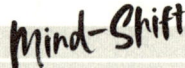
Mind-Shift

Setze oder lege dich hin und höre deinem Atem fünf bis zehn Minuten lang zu. Atme entspannt und mühelos, ein bisschen tiefer, als du es gewohnt bist – einfach damit du deinen Atem besser hören kannst. Stell dir vor, du hörst dem sanften Treiben des Meeres zu.

Nun ist die Regel: Wenn du abdriftest und dich nicht mehr hörst, weißt du, dass dein Gewohnheitsdenken dich wieder eingeholt hat. Dann übst du dich darin, deinen Geist zurückzuholen und ihn mit nichts anderem zu beschäftigen als dem Sound des Meeres. Genieße das. Diese Übung trainiert hervorragend deine Fähigkeit, aus jedem Hamsterrad auszusteigen. Dein Gedankenkarussell wird mit Sicherheit stoppen. Besonders in Wartesituationen ist das eine schöne Übung: Warte nicht, atme!

Die Ebene
des Körpers

Auffahrunfälle sind mein Fetisch. Und das kam so: Wenn mein Vater auf der Autobahn überholte, dann machte er Bewegungen, als säße er auf einem Pferd, er ruckelte mit seinem Oberkörper vor und zurück und trieb damit das Auto zu Höchstleistungen an. Damals gerieten wir regelmäßig in Verkehrsunfälle, die ich als Kind auf dem Rücksitz jedes Mal kommen sah. Das war in den Achtzigern, als es ganz üblich war, weite Strecken mit dem Auto in den Sommerurlaub zu fahren. So fuhren wir mit einem grün glitzernden Opel Manta über 1200 Kilometer nach Polen zu den Masuren, wo ich geboren bin. Ab der westdeutschen Grenze gab es im Prinzip keine Straßen mehr, nur aneinandergereihte Betonplatten – wenn man Glück hatte – und bucklige Pisten mit großen Löchern, die es zu umschiffen galt.

Mein Job als Mädchen war es, meinen Vater mit kleinen Schlägen auf die Schulter wachzuhalten. In der Nacht konnte ich oft nicht schlafen vor Angst, wenn ich sah, wie er müde wurde und wie ihm die Augen zufielen. Also klopfte ich ihm geduldig über Stunden auf die Schulter und sprach Nonsens, damit er nicht einschlief. Auf diesen Wahnsinnstouren passierten uns hin und wieder besagte Unfälle. Niemand kam je zu körperlichem Schaden.

Eines Sommers nach einer Massenkarambolage mit Totalschaden unsererseits setzte ich mich an den Straßenrand, denn ich konnte mich nicht mehr auf den Beinen halten, so sehr zitterte ich am ganzen Körper. Die Zähne klapperten, als wären wir in der Antarktis und nicht im sonnigen Polen. Meine Mutter, eine zierliche und absolut patente Frau, sah mich erschrocken an und fragte: »Was ist los mit dir? Bist du verletzt?« »Nein«, murmelte ich. »Dann hör auf!«, war ihre knappe Antwort. Was tat ich? Ich hörte auf der Stelle auf zu zittern. Es war weg. Dabei war Zittern die gesündeste Reaktion, die ich haben konnte. Doch dazu gleich mehr.

Ungefähr 25 Jahre später (!) reagiere ich »allergisch« auf dichtes Auffahren im Straßenverkehr. Wobei die Einstufung »zu dicht« völlig subjektiv ist und überhaupt nicht mit der Wahrnehmung meiner Mitfahrer übereinstimmt. Wenn ich als Beifahrerin dem Geschick des Fahrers gefühlt hilflos ausgeliefert bin, ist jedes von vorn nahende Heck ein Trigger; es löst eine intensive Reaktion aus. Ich selbst empfinde diese körperlichen Sensationen als ganz »normal«, denn ich kenne es nicht anders. Wie ein Blitz fährt mir der Schreck in die Glieder. Ich spüre ein starkes Kribbeln in den Oberschenkeln, als wäre ich elektrisch aufgeladen. Mein Herz pocht, ich atme flach oder halte den Atem sogar komplett an. Ich spüre eine uralte Aggression und trete auf das imaginäre Bremspedal, lange bevor der Fahrer die »fatale« Situation überhaupt registriert. Ich würde sagen, mich als Beifahrerin zu haben, ist nicht wirklich ein Geschenk.

Erinnerungen des Körpers

Mit Angstspuren im Körpergedächtnis ist es schwierig, aus dem Kopfkino aufzuwachen. Wenn wir unsere Verhaltensmuster einfach immer so weiterlaufen lassen, wie wir es unser Leben lang schon gemacht haben, wird der Körper uns auch immer wieder in das Bedrohungsszenario zurückkatapultieren: Wir erleben Gefahren, wo keine sind. Wollen wir Ängste auflösen, müssen wir unbedingt den Körper mitnehmen – es geht nicht anders. Dem Körper ist gleichgültig, ob wir uns den Unfall nur vorstellen oder ihn tatsächlich erleben. Je häufiger die Angst in uns hochschießt, wir eine sinnliche Erfahrung mit ihr machen, umso öfter erlebt der Körper die Vorstellung als real. Hirn und Körper machen keinen oder kaum einen Unterschied zwischen Realität und Vorstellung. Die Vorstellung muss nur multisensorisch sein, dann ist sie automatisch glaubhaft. Ich habe die Unfälle praktisch durch jahrzehntelanges Training in mein Gehirn geschraubt. Unzählige Kollisionen habe ich in meiner Vorstellung kommen sehen, den Schrecken immer wieder neu erlebt und dadurch die neuronalen Schaltkreise in meinem Hirn verfestigt. In Wahrheit fahre ich seit zwei Jahrzehnten unfallfrei. Mein Körper sieht das aber ganz anders.

Zum Glück ist das alles Vergangenheit. Ich war gefangen in einer Höllenschleife, die durch falsche Angst befeuert wurde. Tatsächlich dachte ich, dass meine Reaktion absolut gerechtfertigt ist. Jeder andere wache Mensch würde an meiner Stelle doch genauso reagieren! Wie absurd das ist, weiß ich heute. Das einzig Fatale an der Situation war, dass ich durch das unbewusste Laufenlassen meiner Reaktionen die kindlichen Unfallgeschichten wieder und wieder in die Gegenwart projizierte.

Der *Heilige-Scheiße*-Augenblick

Weil ich bei meinen Unfällen äußerlich nie verletzt wurde, dachte ich, ich wäre heil aus der Sache rausgekommen. Erst als ich den Traumatherapeuten David Berceli traf, dämmerte mir, wie daneben ich mit meiner Einschätzung lag.

Nicht weil ich traumatisiert wäre, lediglich aus beruflichem Interesse nahm ich an einem Workshop des Amerikaners teil. So glaubte ich. Die Seele hat ja doch interessante Wege, uns zu führen und zu Zielen zu bringen. Nach wenigen Vorübungen, die den einzigen Zweck hatten, bestimmte Muskelgruppen zu ermüden, lag ich schließlich neben anderen Menschen auf dem Boden, zitterte, zog mich zusammen und fiel wieder auf die Matte. Alles ganz von selbst. Ich musste an nichts denken, niemand musste mich an schreckliche Erlebnisse erinnern oder emotional rühren!

Wenn du es mental zulassen kannst, gibt dein Körper plötzlich autonom Impulse vor und bewegt sich, so wie er es braucht, um Blockaden zu finden und aufzulösen. Angst und Anspannung, die in deinem Körpergedächtnis gespeichert sind, entweichen. Der Körper führt einen Prozess zu Ende, der irgendwann im Leben gestoppt wurde. Direkt nach dem großen Unfall in meiner Kindheit konnte ich das Zittern im ersten Moment nicht unterdrücken, der Impuls war einfach zu stark. Aber die Bestimmtheit meiner Mutter war noch stärker. Wenn du vor Schreck gefrierst, erstarrst, dich bewegungsunfähig fühlst und nicht den nötigen Raum oder die Zeit für Entspannung und Heilung hast, dann konserviert dein Körper die Erfahrung – bis du so weit bist und loslassen kannst. Wenn wir nicht zittern dürfen, wenn wir das Erlebte physisch nicht zu Ende fühlen oder spüren dürfen, dann halten wir die körperliche Erfahrung fest. Bis wir irgendwann so weit sind, den Heilungsprozess einfach nur zu Ende zu führen und die Angstinformation zu löschen und mit einer neuen Erfahrung zu überschreiben.

Hier geht es nicht um Erinnerungen auf kognitiver Ebene, um Fantasien und Filme im Kopf. Du musst dich nicht in irgendeine schlimme Situation zurückdenken oder hineinversetzen. Hier geht es allein um die Erinnerung des Körpers. Die Sprache des Körpers ist: Hitze, Kälte, Druck, Anspannung, Zug, Weichheit, Härte, Starre, Geschmeidigkeit... völlig ohne die Bewertung des Gedankenapparats. Das Bewerten des Erlebens ist hinderlich. Zum einen, weil deine Interpretation vermutlich sowieso Quatsch ist! Du kannst nicht wissen, was der Körper da gerade entlädt. Dein Körper geht nicht chronologisch vor, nach dem Motto: »Erst knüpfe ich mir die Verspannungen aus der Kindheit vor, und dann gehen wir an den Wahnsinn von letzter Woche ran.« Der Körper entlädt gleichwertig Schicht um Schicht. Deswegen macht es keinen Sinn, eine Story in die Erfahrung hineinzudeuten. Zum anderen blockierst du dich durch eine Interpretation und Bewertung wieder. Dein Körper kann am besten entladen, wenn dein Denkapparat mit etwas anderem beschäftigt ist und du ihn in Ruhe seinen Job machen lässt. Ja, du könntest dabei ein Hörspiel hören.

Gaga?

Neben mir auf dem Boden liegen nun Therapeuten unterschiedlichster Bereiche. Auch ihre Körper zittern, schlottern, zucken und ruckeln, dass sich die Balken biegen! Manche lachen hysterisch, Schultern zucken, Hälse recken sich, Hüften schwenken oder federn auf und ab. Beine treten aus, Finger machen Tipp- und Zupfbewegungen, als würden sie auf einem unsichtbaren Instrument spielen. Allesamt sind es chaotische Bewegungen, die keiner mir bekannten Choreografie folgen. Ein Gaga-Körperorchester. So stelle ich mir Exorzismus vor – und in einer gewissen, sehr gesunden Art und Weise ist es das auch: Die Angstspuren der Vergangenheit lösen sich auf.

Das Zittern hört gar nicht mehr auf. Es sei denn, ich will, dass es aufhört. Dann kann ich es genauso beenden, wie ich es mein ganzes Leben lang getan habe: Parken! Im Unterbewussten. Zittern. Aufhören. Tee trinken und weiterzittern. An. Aus. An. Aus. Jederzeit! Das ist möglich.

Wir leben im 21. Jahrhundert, wir können Gene manipulieren und Schweineohren im 3-D-Verfahren ausdrucken, aber haben den wichtigsten körperlichen Entspannungsmechanismus des Menschen übersehen? Kann das wirklich sein? Völlig fassungslos liege ich da und denke: Heilige Scheiße! Wieso wird das nur in der Traumatherapie gelehrt?!

Zittern gehört zum Leben

Erdbeben, Hurrikane, Tornados, Dürren; alle Lebewesen sind von Traumata betroffen. Du bist dafür gemacht, Traumata zu erfahren, daraus zu lernen, aber auch dazu, sie wieder abzuschütteln.

Eine der intensivsten traumatischen Erfahrungen ist der Grund für deine Existenz: die Geburt! Du kannst dich nicht daran erinnern, dennoch war es ein beeindruckendes Ereignis. Deine Geburt hat Spuren hinterlassen. Und später? Jedes Kind ist mal vom Fahrrad gefallen. Jeder hat die eine oder andere missglückte Sportstunde hinter sich, hat sich gestoßen, vielleicht Knochen gebrochen, einen Unfall erlebt oder ein Krankenhaus von innen gesehen. Auch Jahrzehnte nach einem traumatischen Erlebnis kannst du Spuren in deinem System haben, die dein Wohlbefinden beeinflussen. Emotional einschneidende Erfahrungen, wie der Tod eines geliebten Menschen oder eine schwierige Beziehung, eine belastende Arbeitssituation, all diese zum Leben gehörenden Erfahrungen drücken sich im Körper aus und hinterlassen Erinnerungsspuren.

Trauma ist daher nicht nur Teil der Evolution, es bedingt sie

Mind-Shift

Gibt es Situationen in deinem Leben, in denen du aus der Haut fährst? Erinnerst du dich daran, als du dich das letzte Mal körperlich gewunden hast? Kaum auf deinem Stuhl sitzen bleiben konntest und das körperliche Bedürfnis hattest, den Raum zu verlassen? Erschreckst du dich schneller als andere? Kochst du vor Ärger, wenn du Unfairness auch nur riechst? Möchtest du manchmal platzen vor Wut oder nur noch den Kopf schütteln? In welchen wiederkehrenden Situationen wirst du besonders aggressiv? Kennst du den Knoten im Hals oder die zugeschnürte Kehle? Machst du das bewusst? Oder passiert es wie von Zauberhand?

geradezu. Traumatische Erlebnisse zählen zu den Metaerfahrungen, durch die wir nicht nur mentale, sondern auch körperliche Einstellungen entwickeln und physische Lösungen für unsere Zukunft finden. Die einen nehmen eine depressive Haltung an, verstecken sich, ziehen sich wie Schildkröten in ihren körperlichen Panzer zurück. Die anderen beißen die Zähne zusammen und kämpfen. Irgendwie kommen wir durch. Doch nur weil wir überlebt haben, hat der Körper die Erinnerung nicht aufgegeben. Spuren der Angst bleiben in ihm und in unserem Nervensystem verborgen. Sie beeinflussen unser Leben dramatisch.

Verkörperte Angst

Menschen, die Angst und Schrecken »verkörpert« haben, sind in bestimmten Situationen schneller reizbar und reagieren oft deutlich intensiver, als es der Situation angemessen wäre – in der eigenen Wahrnehmung dagegen völlig gerechtfertigt. Mit Angst im Körper klagen wir häufiger über Gedächtnis- und Aufmerksamkeitsprobleme, Reizbarkeit und Schlafstörungen. Wir sind anfälliger für chronische Gesundheitsprobleme, Verdauungsprobleme, Essstörungen, Atembeschwerden bis hin zu Asthma und Infekten. Kommt dir das eine oder andere bekannt vor? Kein Wunder: Es betrifft unsere gesamte Gesellschaft!

Und hier ist die Krux: Wir wissen gar nicht, wie sehr wir unter einem erhöhten Druckpegel leiden. Erst wenn sich so ein Muster auflöst, bemerken wir die Veränderung. Wenn Situationen, die früher eine Bedrohungsreaktion in dir ausgelöst haben, einfach rein gar nichts mehr mit dir machen. Für den Umgang mit den Triggern brauchst du dann keine Strategien mehr, weil die Trigger selbst verschwunden sind. Du gerätst einfach nicht mehr so häufig unter Druck und wirst wahrscheinlich über deine alten Muster lachen. Spätestens dann weißt du, dass du etwas verändert hast.

Dieser Prozess geschieht schleichend. Die Abstände zwischen

den Bedrohungsreaktionen werden größer, und gleichzeitig erlebst du sie nicht mehr so intensiv. Kurzum, du läufst nicht mehr so oft vor Wände, sondern nimmst zwischendurch auch mal die Tür. Irgendwann fällt dir en passant auf, dass du gerade ganz anders reagierst als sonst. Dein Partner/Chef/Kind springt an die Decke, und du schaust ihn an und denkst einfach nur: »Interessant! Wie kann ich dir helfen?« Die Sirenen der Stadt lassen dich nicht mehr zusammenfahren. Du stehst entspannt im Stau. Du liebst plötzlich Wartezeiten, weil sie dir die Gelegenheit geben, mit dir selbst in Kontakt zu kommen. Dein Leben verändert sich, es wird bunter, leichter, angstfreier. Du fühlst dich sicherer in deinem Körper und entwickelst ein satteres Körpergefühl. Du fühlst dich wohler in deiner Haut und kannst dich besser spüren. Du machst neue Erfahrungen, spürst weniger Ängste und vertraust mehr in das Leben. Du wirst einfach immer mehr du selbst. Wie aber kommst du dahin? Am Ende dieses Kapitels werde ich dich detailliert anleiten, das neurogene Zittern zu erleben. Bis dahin noch ein paar faszinierende Fakten dazu.

Das neurogene Zittern

Berceli erzählte mir von einem Abend in einem Kriegsgebiet mit Menschen unterschiedlichster Kulturen, die Schutz im Keller eines Hauses suchten. Tatsächlich schlug eine Bombe im Haus nebenan ein. Er machte eine Beobachtung, die für die meisten Menschen unkommentiert geblieben wäre. Er sah, dass die Menschen zwar nicht dieselbe Sprache sprechen, ihre Körper aber schon! Genau in dem Moment, in dem die Bombe einschlug, zuckten alle gleichzeitig zusammen – in eine fetale Position. Ihm war klar, niemand hatte darüber nachgedacht, keiner hatte Kontrolle darüber, die Körper hatten sich selbst in diese Haltung gebracht.

Zudem erinnerte er sich an ein anderes Erlebnis, ebenfalls in einem Kriegsgebiet, in dem er Kinder in seinen Armen hielt, die vor Angst zitterten. Er selbst hatte diesen Zitterimpuls ebenfalls in sich wahrgenommen, wollte vor den Kindern aber nicht schwach wirken, also riss er sich zusammen. Seine Erlebnisse ließen ihm keine Ruhe. Er wollte genau wissen, welcher Mechanismus es ist, der uns bei Gefahr so zusammenfahren und uns wie Tiere zittern lässt. So beschäftigte er sich näher mit der Muskulatur, die den Oberkörper mit den Beinen verbindet, unsere Wirbelsäule stabilisiert, sich bei Gefahr reflexartig verspannt und nach überstandener Gefahr die Spannung wieder entlädt. Er machte eine unglaubliche Entdeckung:

Wir können das Zittern nachträglich ganz gezielt einsetzen und damit Trauma- und Angstspuren der Vergangenheit entladen! Ich füge deutlich hinzu, dass die hier vorgestellte Methode nicht die professionelle Begleitung ersetzt, die hochtraumatisierte Menschen brauchen! Sie kann sie jedoch enorm unterstützen, wenn sie von einem erfahrenen Therapeuten in die Behandlung integriert wird.

Der Körper liefert mit jeder Schreckreaktion auch gleichzeitig die Entspannungsantwort! Kommt Spannung in den Körper, sind wir in der Lage, die Hochspannung durch das »neurogene Zittern« wieder abzugeben. Berceli arbeitet mit hochtraumatisierten Menschen in den Kriegs- und Krisengebieten der ganzen Welt. Häufig kennt er die Sprache der Menschen nicht. Oft sind es hunderte Soldaten, Veteranen oder Überlebende von Naturkatastrophen gleichzeitig. Seine Arbeit funktioniert nur, weil das neurogene Zittern Trauma auf körperlicher Ebene löst, ohne in die Psychologie des Menschen einzusteigen.

»Ist mein Trauma dann ganz weg?«, habe ich ihn gefragt. Berceli ist der festen Überzeugung, dass wir Trauma auflösen können. Tatsächlich will dein Körper das sehr häufig. Du bemerkst es jedoch nicht, weil dein Kopf in den Wolken ist und du so irdischen Dingen wie deinem Körper wenig Aufmerksamkeit schenkst. Du bist so gewohnt, dich zusammenzureißen, die Zähne zusammenzubeißen und mit dem Druck zu leben, dass du gar nicht mehr weißt, wie es sich anfühlt, entspannt zu sein oder Entspannung zuzulassen! Deine körperliche Entspannungsantwort ist eingefroren.

Wie konnte es passieren, dass wir so nah dran sind – de facto mittendrin in unserem Körper stecken – und uns doch so weit von uns selbst weg bewegten? So weit, dass die Mehrzahl der Menschen keine Idee mehr von diesen erstaunlichen natürlichen Mechanismen des Zitterns hat? Wie ist es möglich, dass wir die wichtigste körpereigene Antwort auf Belastungen nicht mehr nutzen?

Kleine Mädchen zittern – Jungs aber auch!

»Kleine Mädchen zittern, du doch nicht!«, werden Jungs häufig ermahnt. So bekommen sie ihre Lektionen in »Zittern einfrieren und schämen!« Nebenbei werden Mädchen in ihrer Zartheit und Verletzlichkeit entwertet. Nun, die Wahrheit ist: Mädchen zittern und Jungs auch. Wenn man sie lässt! Jungs sind ebenso zart, verletzlich und sensibel. Kinder zittern vor Ekel, vor Furcht und um Gefühle zu verarbeiten. Kinder sind noch so nah dran!

Genauso möchte dein Körper Verspannungen abschütteln! Er tut es in Momenten, in denen er sich unbeobachtet fühlt und du die Kontrolle abgibst. Beim Einschlafen tritt das Bein gern noch mal aus. Manche erleben dieses feine Zittern nach dem Sex. Es schaudert uns, wenn uns etwas unter die Haut geht. Das ist bereits dieser besagte Entspannungsmechanismus. Es ist jedoch nur ein kleiner Vorgeschmack von dem, was der Körper tun würde, wenn du das Zittern ganz und gar erlaubtest. Du kennst das neurogene Zittern in seinem ganzen Ausmaß auch aus einer eher unangenehmen Perspektive: aus Nachrichtenbildern unmittelbar nach entsetzlichen Ereignissen. Menschen, die gerade einer Naturkatastrophe oder einem Terroranschlag entkommen sind, zittern am ganzen Leib. Auch Menschen, die in einen Unfall geraten oder einen schweren Schock erfahren, können dieses Zittern oft nicht mehr unterdrücken. Die Spannung ist so übermächtig, dass der Körper selbst eine Exit-Strategie findet und sie freisetzt.

Notärzte wissen, dass viele Traumatisierte, sobald sie in der Sicherheit des Rettungswagens sind, den Schock durch Zittern entladen. Dieser Prozess wird häufig durch beruhigende Medikamente unterbrochen. Die überschüssigen Stresshormone bleiben dann im Körper. Der Schock kann betäubt, aber nicht abgeschüttelt werden. Das neurogene Zittern wird als ein Symptom des »Krankseins« und nicht als zum Heilungsprozess gehörend gedeutet und sicherheitshalber abgeflacht. Es ist uns als Gesellschaft »gelungen«, ein natürliches Phänomen als einen pathologischen Marker einzustufen und nicht als das, was es ist, eine positive Antwort zur Wiedergewinnung der Homöostase im Körper.

Eine erfahrene Notärztin berichtet

»Der Sommer, in dem ich das neurogene Zittern kennengelernt habe, erweiterte meinen Erfahrungsbereich als Notärztin auf vielerlei Ebenen: Unfallopfer mit und ohne schwerwiegende Verletzungen, Patienten in unterschiedlichen Situationen zittern – der eine mehr, der andere weniger –, auch ohne einen vorherigen Wärmeverlust erfahren zu haben, so auch im Sommer bei hohen Temperaturen. In einigen Fällen ist es sinnvoll, die Patienten zu sedieren, um einen erhöhten Energieverbrauch, der durch das Zittern entstehen kann, zu vermeiden. Oft stellt sich jedoch heraus, dass das körperliche Trauma geringfügiger ist als die körperliche Reaktion. Somit zeigt sich das erlebte Trauma sehr individuell in unterschiedlicher Ausprägung, auch im Zittern. Patienten, bei denen aus medizinischer Sicht das Zittern nicht vermieden werden sollte, müssten also nicht am Zittern gehindert werden. Es könnte unter Umständen sogar der Beginn eines Verarbeitungsprozesses sein, der auf ein sehr individuell erlebtes Trauma einsetzt.

Traumatische Ereignisse ohne nachvollziehbaren somatischen Hintergrund häufen sich in unterschiedlichen Bereichen, wo Menschen sich überfordert fühlen und sich in einem traumatischen Erleben befinden. Es zeigen sich Symptome wie Luftnot, Engegefühle im Hals, Engegefühle in der Brust, Schwindel, Bewusstseinsverlust, Übelkeit... auch diese Patienten zittern häufig im Verlauf der Behandlung durch den Rettungsdienst. In diesen Fällen ist der Ursprung des Geschehens also eher die Psyche, und es äußert sich in körperlichen Reaktionen. Dahinter stehen zum Beispiel Beziehungsprobleme, Verlust, Schulangst...

Oft fahren wir zu Einsätzen in Schulen. Es gibt Schlagwörter, die in der Leitstelle der Feuerwehr eingehen, bei denen es zwangsläufig zur Versorgung durch den Rettungsdienst mit Notarzt kommt wie zum Beispiel: bewusstlose Person, Herzschmerzen, Luftnot... Im Prinzip gibt es dann die Möglichkeit, dass es eine tatsächliche körperliche Erkrankung von Schülern oder Lehrern ist. Oft sind es aber Einsätze, bei denen es durchaus zu einigen dramatisch aussehenden Symptomen kommt, die Ursache jedoch im psychosozialen Bereich liegt. Meistens sind es Kinder, die schlechte Noten bekommen oder Angst vor Klassenarbeiten haben, gemobbt werden, also einem hohen Druck ausgesetzt sind... Es werden Phasen von Bewusstlosigkeit, die im Erleben der Anwesenden gefühlt zehn Minuten dauern, beschrieben, Lähmungserscheinungen, Sprachlosigkeit, Bewegungslosigkeit, Luftnot, Herzrasen, Krampfanfälle... Sehr häufig liegen diesen Beschwerden psychogene traumatische Ereignisse zugrunde. Manchmal sind mehrere Notärzte zeitgleich in Schulen, weil irgendwer Angst vor irgendwas hat oder hyperventiliert. Wenn diese Kinder im Rettungswagen sind, dann zittern sie oft. Deshalb könnte man meinen, dass dieser sichere Rahmen auf einmal das Tor öffnet, um das zuzulassen: ein sicherer Raum, der Umfeldwechsel, weg von der Schule, kein Elternhaus, zwar Fremde – aber *offiziell* Fremde –, Rettungskräfte, Ärzte, die für Hilfe unterwegs sind. Diese gefühlte Sicherheit ermöglicht das Zulassen des Zitterns. Das ist unterstellt, eine Idee, aber es könnte so sein.

Vom Zeitpunkt der Versorgung durch den Rettungsdienst – was anderes bekomme ich ja nicht mit –, in dieser Phase, in der ein Traumatisierter das Trauma erlebt, er auch anwesend ist und keinen Filmriss hat, er erlebt, dass sich jemand kümmert und dass es besser wird, wäre es für die Menschen wichtig, wenn sie alles durchleben und dann auch sehen: durchlebt, beendet! Egal ob durch Zittern, Schreien, wie auch immer. Alles, was sie an Unterstützung durch andere um sich haben und selber dazugeben, wird am Ende als Kompetenz der Erfahrung gewertet. Notärzte werden symptomgebunden eingesetzt und gelangen somit immer häufiger in psychosomatische Grenzbereiche, sie werden dahingehend auch geschult. Zusätzlich könnte es für den Patienten eine Hilfestellung sein, ihm Sicherheit zu vermitteln und diese körpereigene Aktivierung zuzulassen, anstatt sie zu unterbrechen.«

Ein schöner Traum

Je weiter wir uns von unserer Natur entfernen, umso stärker werden unsere Ängste, und umso heftiger reagieren wir. Wir sind anfälliger dafür, Ängste zu entwickeln oder auf Angstmacher reinzufallen. Wir sind entweder desensibilisiert oder aufgeladen. Wir haben ein ganz und gar neurotisches Verhältnis zu unserem Körper, weil wir uns in ihm einfach nicht mehr auskennen. Der Zugang ist verschüttet – wir wissen gar nicht, wie sehr! Weil wir es nicht anders kennen, nehmen wir den Ausnahmezustand als gegeben an und wundern uns, warum die Welt verrückt wird.

Wenn du wie ein Detektiv mit einer Lupe auf das körperliche Trauma schaust, so wirst du feststellen, dass dieses Trauma weder

»böse« noch »schlecht« ist. Völlig wertfrei betrachtet ist es eine Art Abdruck des Erlebten. Genau genommen ist es eine Spur des noch nicht zu Ende Erlebten. Wenn beispielsweise eine Tür hinter dir plötzlich und unerwartet in den Türrahmen knallt, machst du eine interessante körperliche Erfahrung: Du hältst den Atem an und deine Muskeln verspannen sich. Dein Körper kontrahiert, um dich zu beschützen. Der Schrecken ist dir buchstäblich in die Glieder gefahren. Entspannst du dich danach wieder, atmest tief und frei weiter, wird dein Körper die angestaute Energie mit einem feinen Zittern oder Vibrieren entladen. Die Anspannung gibt nach. Das kannst du bei Kindern, die das Schlottern einfach zulassen können, noch sehr gut beobachten. Du spürst ein Kribbeln im ganzen Körper oder in bestimmten Körperteilen. Dieses prickelnde Gefühl ist ein Zeichen dafür, dass die Lebensenergie wieder frei fließen kann. Du bist wieder ein unbeschriebenes Blatt Papier und gehst weiterhin frei durchs Leben. Was für ein schöner Traum!

Denn genau das Notwendige tun wir nicht. Das körperliche Entladen als Teil des natürlichen Prozesses von Angst- und Schreckerlebnissen überspringen wir – und das hat Konsequenzen. Immer wieder dasselbe Bedrohungsmuster zu durchlaufen und nicht zu wissen, wie man es durchbrechen und auflösen kann, ist sehr anstrengend. Egal wie groß und stämmig du bist, dein Körper ist fein und verletzlich. Oft sind gerade die Menschen, die wie menschliche Panzer wirken, so sensibel, dass sie geradezu alles tun, um sich nicht spüren zu müssen. Jede mehr als federleichte Berührung deines Körpers hat bereits einen Effekt auf dein gesamtes System. Wir können die Eindrücke des Lebens gar nicht verhindern.

Es gibt ja sogar Traumata in glücklichen Momenten: Eine Verletzung während der Verwandlung des entscheidenden Elfmeters bei der WM, ein gewonnener Boxkampf, die Geburt eines Kindes sind »beeindruckend«. Noch Jahre nach dem intensiven Erleben haben wir »tote« Stellen im Körper, die wir nicht spüren, die wir im Prinzip nicht mehr bewohnen. Wir sind desensibilisiert. Frauen sprechen selten offen darüber, doch kommt es häufig vor, dass sie nach Geburten einen Teil des Gespürs für ihr Geschlecht verlieren. Neben der Beckenbodenschwäche und eventuell geschädigter Nerven durch einen Dammschnitt oder -riss kommt hinzu, dass sie häufig das natürlich einsetzende neurogene Zittern nach Geburten unbewusst einfrieren. Viele glauben, mit der daraus resultierenden Taubheit, dem Verlust der Sensibilität und häufig auch der Libido leben zu müssen. Durch die in diesem Kapitel vorgestellte Methode jedoch kann ein intensiveres Gespür für den Körper zurückgewonnen werden.

Trauma ist ein natürlicher Aspekt in der menschlichen Erfahrung. Wir können es in drei Phasen einteilen:

- **Überleben:** *Das Ereignis findet statt. Der Körper reagiert.*
- **Entladen:** *Die Gefahr ist vorbei. Der Körper entlädt die überschüssige Hochspannung.*
- **Daraus lernen:** *»Ich bin in Sicherheit.« Entspannung darf einsetzen. Freies und bewusstes Handeln in der Zukunft.*

Das menschliche Dilemma

Durch unsere Sozialisation haben wir gelernt, dass Zittern ein Signal für Schwäche ist, also unterdrücken wir es. Wir überspringen die zweite Phase. Wir entladen Druck und Anspannungen nicht mehr. Wir frieren sie ein, dadurch verkörpern wir sie. Wir bleiben in der ersten Phase stecken: Überleben! An dieser Stelle machen wir den entscheidenden Lernfehler, wir schlussfolgern: »Das Leben ist nicht sicher! Ich bin nicht sicher!« Wir haben keine andere Wahl, denn die Verspannung im Körper signalisiert dem zuständigen Hirnareal, dass die Gefahr noch nicht vorüber ist. Das Stammhirn, für unsere Reflexe zuständig, hält die Anspannung weiterhin aufrecht. Ein Teufelskreis ist entstanden, der mit Ratio nicht zu durchbrechen ist. Denn das alles spielt sich auf der Reptilienhirnebene ab. In diesem Zustand hilft es dir nicht, wenn dir jemand wohlmeinend sagt: »Du brauchst keine Angst zu haben.« Denn alles in dir ist im Alarmmodus. Du hast eine andere Wahrnehmung. Oft genug bemerken wir gar nicht, wie sehr wir unter Strom stehen. Die Anspannung scheint normal zu sein. Die Alltagswirklichkeit sieht daher eher so aus:

- **Überleben:** *Das Ereignis findet statt. Der Körper reagiert.*
- **Entladen:** *Findet nicht statt. Die Gefahr ist in unserer Wahrnehmung nicht vorbei. Hochspannung bleibt.*
- **Daraus lernen:** *»Ich bin nicht in Sicherheit.« Entspannung darf nicht einsetzen. In der Zukunft wird das Muster wiederholt und verstärkt, sobald eine Situation an die ursprüngliche Erfahrung erinnert. Falsche Angst wird trainiert!*

Die Schlussfolgerung und Bewertung »Ich bin nicht sicher« ist ein folgenschwerer Irrtum! Wenn du überlebt hast, bist du sicher! Es ist vorbei! Ein Mensch, der noch im Überlebensmodus steckt, kann diese Erfahrung aber nicht machen. Es reicht nicht, sich selbst zu beschwören, man sei sicher, wenn es tief in einem brodelt. Sicherheit muss erlebt und mit allen Sinnen erfahren werden. Nicht einmal, sondern wieder und wieder. Wie aber kannst du diese Erfahrung machen, wenn alles in dir laut um Hilfe schreit?

Das unbekannte Geschenk

Das neurogene Zittern ist die klügste und gesündeste Einrichtung des Körpers, die er sich hätte ausdenken können! Das Unbekannte und auch Revolutionäre ist, dass wir diese Strategie bewusst als Entspannungsmethode einsetzen können – viele Jahre nach oder auch direkt im Anschluss an belastende Ereignisse. Es hilft nicht nur bei Angstthemen, sondern bei jeder Form von Verspannung. Wir können Schmerzen aus Fehlhaltungen vorbeugen: Zwei Stunden am Schreibtisch bringen schon Spannung in den Körper, die wir ganz leicht wieder entladen können. Das kann und will dein Körper. Er weiß zudem genau, wie es geht.

Das neurogene Zittern ist nicht unbedingt immer ein Zittern, sondern drückt sich auch in anderen unwillkürlichen Bewegungsmustern aus: Manche Körper schlängeln, schwenken oder strecken sich. Mal will ein Bein austreten, mal schüttelt sich nur eine Schulter. Auch Lachanfälle können entstehen. Durch das Lachen entspannt dein Zwerchfell. Es gibt einen mentalen Schalter, um diesen körperlichen Mechanismus einzuschalten und zu benutzen. Dieser Schalter heißt: Wille. Du wechselst wie bei einem Radiosender die Frequenz, der Sender heißt »Zittern erlauben«. Wir schauen es uns noch genauer an.

Zunächst: Gibt es eine Rückkopplung zum Hirn? Könnte es sein, dass die entsprechenden neuronalen Schaltkreise verblassen oder sich sogar ganz auflösen können? Um diese Frage direkt zu beantworten: Ich weiß es nicht. Das müsste wissenschaftlich erforscht werden. Meine Praxiserfahrung ist: Es muss einen Zusammenhang geben. Und es braucht dafür Zeit und ein regelmäßiges Training. Ich erfahre immer wieder, dass Menschen ihren alten Triggern Goodbye sagen. Sie erleben die Welt danach anders.

Täglich grüßt die Erinnerung

Nina wacht aus dem Koma auf. Sie hat einen schweren Autounfall – mit einem Wirbelbruch, zahlreichen weiteren Knochenbrüchen von Kopf bis Fuß, Lungenkollaps auf beiden Seiten – und mittlerweile diverse komplizierte Operationen inklusiver Organentnahmen überlebt. Die Ärzte sprechen von einem Wunder. Noch ist nicht sicher, ob sie jemals wieder laufen wird. Jeden Tag um 18.15 Uhr zittert sie am ganzen Leib. Diverse Ärzte untersuchen sie, können jedoch die Ursache nicht finden. Sie können das Zittern nicht erklären und können ihr in diesem einen Punkt nicht weiterhelfen.

Neun Jahre später spaziert Nina in meine Schule für Bewusstseinsarbeit, und ich mache sie auch mit dem neurogenen Zittern vertraut. Sie erlebt ein Déjà-vu, erinnert sich an das Zittern jeden Abend um 18.15 Uhr, das ihr zuvor Angst gemacht hatte und das sie nicht einzuordnen wusste. Jetzt kann sie sich völlig darauf einlassen, das Zittern neu zu erleben. Wir nehmen uns viel Zeit. Obwohl es warm ist, spürt Nina plötzlich starke Kälte, sie friert, zittert am ganzen Leib, und die Zähne klappern.

Ich erlebe das häufig bei Menschen, die schon einmal Vollnarkosen hatten oder andere Betäubungszustände kennen. Im Laufe der Arbeit kommen sie an einen Punkt, an dem ihr Körper »einfriert« und sie eine Form von Taubheit erfahren. Wichtig ist, dass Nina jetzt nicht erneut den Prozess unterbricht, sondern diesen Moment der Starre sanft überbrückt, indem sie weiteratmet und das Zittern zulässt. Mein Job als Trainer ist es, sie sanft über diese Schwelle der Angst zu begleiten.

Dann löst sich die Kälte auf. Ihr Körper wird warm, und sie spürt ein Kribbeln überall. Sie hat eine ekstatische, freudige Erfahrung und fühlt sich durchströmt mit wohliger Energie. Tatsächlich ist dieses Kribbeln der Moment der Transformation des Traumas zurück in die Entspannung. Gehaltene Energie steht dem Körper wieder zur Verfügung. Der Biophysiker und Psychologe Peter Levine beschreibt dieses Kribbeln als das Herauskommen aus dem Bedrohungsmodus, der Moment, in dem wir aus der sympathischen Übererregung in einen parasympathischen Zustand gelangen. Ninas Körper hat durch das heilsame Zittern deutlich an Geschmeidigkeit und Flexibilität gewonnen. Sie fühlt sich noch wohler in ihrer Haut und empfindet mehr Gelassenheit und Lebensfreude.

Du hast es sicher schon erraten: Ninas Unfall ereignete sich um 18.15 Uhr.

Einige O-Ton-Erfahrungsberichte

Nicht nur hochtraumatisierte Menschen profitieren von der Arbeit. Das neurogene Zittern ist in allen Lebensbereichen wertvoll und hat erstaunliche Effekte. Hier ein paar Beispiele:

Stefan: »Für mich ist das neurogene Zittern eine der intensivsten Körpererfahrungen überhaupt. Dabei war ein entscheidender Schritt, das Zittern im ganzen Körper zuzulassen und ihn einfach machen zu lassen. Sowohl der Prozess des intensiven Zitterns ist ein Genuss; ich lache, ich stöhne, mein Puls steigt, und ich staune jedes Mal darüber, was da vor sich geht. Dieser körperlichen Verausgabung folgt eine sehr tiefe Entspannung, wie ich sie sonst nur nach einem Orgasmus kenne. Mittlerweile gelingt es mir, sehr gezielt bestimmte Muskelpartien zittern zu lassen und auch im Stehen zu zittern. Da ich im Beruf viel stehe, empfinde ich das insbesondere für Oberschenkel und Rückenmuskulatur sehr entspannend. Und der sonst übliche Muskelkater tritt deutlich weniger bis gar nicht mehr auf.«

Dagmar: »Eine Offenbarung! Ich konnte erst nicht glauben, dass der Körper das kann. Beim ersten Mal habe ich gedacht, dass ich es irgendwie selbst mache und mich dabei austrickse und nur denke, dass es der Körper ist. Anfangs habe ich sehr intensiv über mehrere Wochen fast täglich gezittert. Morgens, abends, zwischendurch. Es fühlt sich gut an und macht Spaß. Ich fühle mich danach leichter und lockerer. Aber der allerschönste Effekt für mich persönlich war, ich sage es jetzt mal, wie es ist: Der Sex macht mehr Spaß. Nach den Geburten der Kinder war es okay, aber es hat sich nicht so gut angefühlt wie jetzt. Ich habe einfach mehr Gefühl, und das macht mein Leben reicher. Heute zittere ich meistens ein paar Minuten nach dem Sport oder wenn ich mich sehr verspannt fühle.«

Sabine: »Nach einem Sturz im Winter auf die rechte Schulter dauerte es länger als ein Jahr, bis ich keine dauerhaften Schmerzen mehr und den vollen Bewegungsradius zurückerlangt hatte. Aus ärztlicher Sicht war wieder alles in Ordnung. Dennoch blieb danach ein immer wiederkehrender Schmerz, der mich vor allem nachts durch das Liegen auf dieser Schulter den Sturz nicht vergessen ließ. Über drei Jahre habe ich versucht, mich damit zu arrangieren. Dann entdeckte ich das neurogene Zittern und kann, seit ich es praktiziere, wieder schmerzfrei auf der Schulter schlafen. Es sollten wirklich alle Menschen lernen!«

Wie funktioniert es?

Wir haben ein körpereigenes Alarmsystem, das bei Gefahr oder in einer gefühlten Bedrohung einsetzt. Es werden chemische Stoffe ausgeschüttet, die ein Schutzsystem aktivieren, das vom Kiefer zu den Beinen reicht. Kommt es nicht zur Auflösung, wird der Körper in diesem erregten Zustand bleiben. Der Körper gerät in einen Kreislauf einer zwanghaften Wiederbelebung des Erlebnisses – so wie ich meine Auffahrunfälle wieder und wieder inszenierte. Der Körper möchte zwar die Erfahrung abschütteln, doch wir merken es aus reiner Unwissenheit gar nicht und lassen es nicht zu.

Der Mensch ist das einzige Tier, das durch seinen aufrechten Gang alle lebenswichtigen Bereiche völlig ungeschützt vor sich her trägt: Gesicht, Herz, Eingeweide, Geschlecht. Deswegen braucht es einen starken Beschützer. Diesen wichtigen Job übernimmt für uns der bärenstarke Psoas-Muskel. Das ist ein Muskelgespann, das zusammengenommen auch als Kampf- oder Fluchtmuskel bezeichnet wird. Es handelt sich hierbei um zwei Stränge, welche die Wirbelsäule links und rechts stabilisieren; sie gehen im Becken in den Darmbeinmuskel über und verbinden gemeinsam den Oberkörper mit den Beinen. Wenn das Reptilienhirn Gefahr wittert, verspannt sich der Psoas autonom und schützt die Körpermitte. Seine Hochspannung ist auch notwendig, um kämpfen zu können oder die Beine in die Hand zu nehmen und sich vom Acker zu machen. Ist die Bedrohung vorüber, schüttelt er die Spannung wieder ab. Er ist also nicht nur für den Schutz da, sondern auch für unsere Entspannung zuständig.

Dieser wichtige Muskel ist so tief versteckt, dass der Masseur nicht wirklich rankommt. Deswegen können wir Verspannungen im Psoas nur schwer manuell lösen. Er entspringt dort, wo auch das Zwerchfell ansetzt und hat daher auch noch Einfluss auf unsere Atmung. Er verbindet das Atmen mit dem Gehen.

Wer sich erschreckt, macht immer Bekanntschaft mit seinem Psoas-Muskel. Der Oberkörper macht dann eine leichte Beugebewegung nach vorn, bei großem Schrecken bis hin in eine fetale Position. Wenn der Psoas nicht entspannen darf, werden die Rückenstrecker versuchen, die Vorwärtsbewegung wieder auszugleichen, was den unteren Rücken wiederum verkürzt. Das bedeutet, dass eine Spannung aufgebaut wird, die Rückenschmerzen verursachen kann. Auch solche Rückenschmerzen können durch das neurogene Zittern behoben werden. Im Körper ist alles mit allem verbunden; ist der untere Rücken einmal verkürzt, verspannen sich auch Schultern und Nacken. Jetzt vollzieht sich ein Muskelspiel, das den ganzen Körper aus dem Gleichgewicht zwingt und Blockaden erzeugt. Zudem gibt es eine direkte Zuglinie zwischen Kieferknochen und Becken, eine Muskel-Faszien-Verbindung, auf der die Spannung nachweisbar ist. Wer im Becken verspannt, wird eine Spannung im Kiefer haben. Umgekehrt, wer die Zähne zusammenbeißt, wird niemals eine echte Tiefenentspannung erfahren können. Spannungen in Rücken, Schultern, Nacken und Kiefer und die daraus resultierenden Schmerzen können durch das neurogene Zittern gelindert oder komplett behoben werden.

Du kennst den Psoas auch aus ganz alltäglichen Situationen: Wenn dir jemand zu nahe treten will, gehst du instinktiv in eine Habachthaltung. Manche treten einen Schritt nach vorn, andere einen Schritt zurück, wieder andere werden starr vor Schreck.

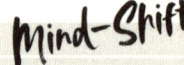
Mind-Shift

Kleiner »Anker« mit großer Wirkung: Sehr viele Menschen beißen unbewusst oder bewusst die Zähne zusammen und haben dadurch eine Hochspannung im Kiefer aufgebaut, die in einer Kettenreaktion bis zum Beckenboden reicht.
Löse diese Spannung immer wieder bewusst auf. Setze dich aufrecht hin und dann öffne langsam den Kiefer wie beim Gähnen. Danach lass den Mund leicht offen, sodass die Zähne nicht zusammenbeißen.

Spürst du einen Unterschied in deiner Körperspannung?

Wenn du genau hinspürst, wirst du vielleicht auch eine Veränderung in deinem Wohlbefinden wahrnehmen. Manche können mit dieser subtilen Entspannung, die sich bis zum Becken durchzieht, sogar ein feines Kribbeln im Beckenboden wahrnehmen.
Diese Bewegung hat einen Effekt auf dein Körper-Geist-System: In einer angespannten Situation den Kiefer leicht zu öffnen wird dir helfen, mehr Leichtigkeit in den Körper zu bringen.

Wie geht entspannen?

Als ich die *Heilige-Scheiße*-Erfahrung machte, musste ich unwillkürlich an die Menschen denken, mit denen ich über 20 Jahre gearbeitet habe: Ich sah, wie sie fein vibrierten oder stark zuckten in dem Moment, in dem sie sich ihrer Angst stellten. Angst, Druck und Anspannung haben keinen Bestand und müssen sich auflösen, wenn die Aufmerksamkeit nicht woandershin abdriftet und wir uns in die Körperreaktion hinein entspannen können.

Das Zittern stellt sich ganz plötzlich von selbst ein. Was sehr lange gehalten war, öffnet sich mit einem Mal. Danach sind wir freier, fühlen uns durchströmt und leicht. Der Körper ist weicher und kompakter zugleich. Der Blick ist klar. Tatsächlich sieht es so aus, als hätten wir gerade ein natürliches Lifting erlebt.

Nach meiner Erfahrung ist der Psoas-Muskel ein sehr guter Ansatzpunkt, um sich mit dem natürlichen Zittern wieder vertraut zu machen, denn es ist hier besonders leicht, diese reflexive Antwort hervorzurufen. Das hilft ungemein, uns wieder an die Magie des Körpers zu erinnern. Haben wir zu der Sensibilität und Zartheit des Körpers zurückgefunden, werden wir feststellen, dass der gesamte Körper Ausgangspunkt für das heilsame Vibrieren sein kann. Es passiert genau dort, wo der energetische Fluss von Lebensenergie blockiert ist. Ist die Blockade aufgelöst, spürst du deine Lebensenergie im ganzen Körper.

Dein Körper ist voller Wunder. Er spricht den ganzen Tag mit dir. Du hörst nur nicht immer zu. Alles in dir strebt nach Fluss und Leichtigkeit, nach Einheit von Körper, Geist und Seele. Du kannst neu lernen, wie das geht, das tiefenentspannt Sein.

Bist du bereit? Sollen wir starten? Wenn du lernst, das autonome neurogene Zittern wieder zuzulassen, wirst du auch lernen, dass der Körper seinen eigenen Weg hat. Er schüttelt die Verspannungen in einer Weise ab, wie du es dir nicht vorstellen oder planen kannst. Er hat keine Reihenfolge oder Bewertungsskala, nach der du vielleicht vorgehen würdest. Daher macht es keinen Sinn, die Bewegungen, die dein Körper macht, zu deuten oder vorwegzunehmen. Dein Körper weiß genau, welche Bewegungen er machen muss, um an die Blockaden heranzukommen.

Mind-Shift

Zittern kannst du immer! Achte darauf, dass deine Kleidung um Bauch, Beine und Becken locker ist und dass du dich die ganze Zeit über wohlfühlst. Leg dich auf den Boden. Lege die Fußsohlen gegeneinander und lass die Knie seitlich weit auseinanderfallen. Achte darauf, dass die Füße rutschfest liegen. Hebe das Becken deutlich vom Boden ab und lass gleichzeitig die Knie weiterhin locker seitlich fallen. Nach einer Minute bewege die Knie etwa fünf Zentimeter aufeinander zu. Bei manchen dauert es einige Minuten, bei anderen geht es nach einer Minute oder sofort los: Der Psoas-Muskel wird unwillkürliche Bewegungen machen. Manchmal zuckt es, manchmal schwenkt das Becken. Das ist es bereits. Lass es geschehen. Das Zauberwort heißt erlauben. Bei manchen Menschen geht es beim ersten Mal. Andere brauchen mehrere Anläufe. Falls du mehr Zeit brauchst, verzage nicht. Du bist nicht allein! Nicht jeder findet es sofort. Mach eine Pause und dann wiederhole die Übung. Ein Tipp: Wenn die Muskeln bereits ermüdet sind, zum Beispiel nach dem Sport, wirst du leichter zittern können. Der Körper entlädt jetzt aktuelle oder lang zurückliegende Verspannungen. Wenn du zitterst und ein gutes Gefühl dafür erlangt hast, kannst du das Becken wieder absetzen, die Fußsohlen flach auf dem Boden aufstellen (Endposition) und es weiter zulassen. Das Zittern wird nicht aufhören. Es wird sich jedoch verändern. Du kannst jederzeit aufhören oder Pausen machen. Wer sich einmal mit dem unwillkürlichen Zittern vertraut gemacht hat, wird die Vorübung mit angehobenem Becken nicht mehr brauchen. Dann kannst du dich einfach hinlegen, die Füße auf dem Boden aufstellen und zittern. Zehn bis fünfzehn Minuten in der Endposition, zum Beispiel nach einer Sporteinheit oder einem anstrengenden Tag, machen Sinn und erlauben dir eine herrliche Entspannung. Auf meiner Seite www.beatakorioth.de findest du Anleitungsvideos zum neurogenen Zittern.

Lass das neurogene Zittern wieder in den Alltag und deine Lebenswelt einfließen, denn du hast es völlig in der Hand, wie intensiv oder sanft du es erfährst. Solltest du eine Sportart ausüben, die eine Entspannungsphase auf dem Boden vorsieht, kannst du diese Methode am Ende mit einbauen.

Ist der körperliche Schrecken mithilfe des neurogenen Zitterns verarbeitet und wir haben unseren geschmeidigen Grundtonus zurück, so hat das ein Füllhorn von angenehmen Auswirkungen: Das Körperempfinden wird angenehmer, wir haben weniger Spannungsschmerzen, schlafen besser, reagieren nicht mehr so häufig auf Reize, wir fühlen uns lebendiger, unsere Sexualität wird entspannter, unser Körper geschmeidiger, unsere Beziehungen verändern sich, einfach weil wir uns verändern. Einer der schönsten Nebeneffekte ist, dass wir den Unterschied zum Angespannt-Sein deutlicher spüren und deswegen viel früher proaktiv für Entspannung sorgen können. Wir sind überhaupt erst jetzt dazu befähigt. Denn erst wenn uns bewusst ist, wie sehr wir unter Druck stehen, können wir Verantwortung für unser Gleichgewicht übernehmen. Wir nehmen den Druck viel früher und deutlicher wahr als bisher. Da geht was! Deswegen ist es sehr wichtig, Licht in diese Themen zu bringen und gerade solche natürlichen und simplen Methoden wieder in unsere Lebenswirklichkeit einfließen zu lassen. Das neurogene Zittern selbst hat das Potenzial, sehr schnell sehr viele Menschen wirkungsvoll zu erreichen. Jeder, der die Erfahrung gemacht hat, kann es an seine Nächsten weitergeben. Das neurogene Zittern kann gemeinsam in der Familie, mit Freunden, in der Schule oder beim Sport geübt werden. Die Auswirkungen sind von unermesslichem Wert. Wir gehen gelassener durchs Leben.

Übrigens: Meine Traumareaktion im Auto hat sich komplett aufgelöst.

Mind-Shift

Selbst wenn du das neurogene Zittern nicht übst, kannst du eine simple und wirkungsvolle Antwort auf Verspannungen ganz leicht in deinen Alltag einfügen und trainieren: Erinnere dich daran, wie dein Körper reagierte, als du dich als Kind vor weichgekochten Möhren oder dicken schwarzen Kellerspinnen geekelt hast. Und dann mach es deinem jüngeren Selbst nach: Erspüre das Zittern, wenn du Ekel oder Angst empfindest. Denn es ist noch da. Lass es zu. Spüre immer wieder in deinen Körper hinein, atme und erlaube es einfach. Oder mach es nur so aus Spaß deinem Hund nach und schüttele dich. Tue es auf jeden Fall nach einem Schreckmoment, wenn du einen lauten Knall gehört hast oder eine Hupe dich erschreckt hat. Oder einfach, weil du gerade ganz viel Druck in deinem Körper verspürst.

Es gibt so viel, was du tun kannst, um das natürliche Zittern Schritt für Schritt wieder in dein Leben zu lassen – auch wenn du es selbst provozierst. Wann hast du das letzte Mal so gelacht, dass du beinahe Pipi in der Hose hattest? Du schüttelst deinen Körper dabei automatisch. Lass dich vom Lachen anderer anstecken. Manchmal möchten wir vor Freude in die Luft springen und trauen uns nicht: Tu es! Warum nicht? Warum Freude unterdrücken? Werde kreativ und folge den Impulsen deines Körpers. Tanze vor Glück oder tanze so lange, bis du glücklich bist. Befreie deine aufgestauten Energieblöcke. Entwickle wieder ein natürliches Verhältnis zu deinem Körper, denn das öffnet die Schleusen für deinen Energiefluss. Weißt du noch, wie es ist, vollkommen unbeschwert zu sein? Wann hast du dich das letzte Mal so gefühlt? Dieses Lebensgefühl war nie weg – es ist noch da: unter deinen ganzen Kontrollinstanzen. Und es hat viel mit deiner natürlichen Beziehung zu deinem Körper zu tun. Spüre in dich hinein. Erlaube dir, auch mal aus der Reihe zu tanzen. Eine kleine Dosis Verrücktheit täglich hat einen riesigen Effekt auf dein Wohlbefinden und auf Dauer auf dein gesamtes Körper-Geist-System.

Halte die Welt an, atme und finde zurück in deine Kraft

Wir sind durch drei Universen getaucht, durch die Welt der Gedanken, der Emotionen und des Körpers, und haben auf jeder Ebene eine neue Erfahrung gemacht. Du weißt, wie du begrenzende Gedanken auf ihren Realitätsgehalt abklopfen, die Perspektive verändern und dich neu ausrichten kannst. Du kennst die Macht der Gefühle und Emotionen und weißt, wie du dich über den Atem in jede Emotion hinein entspannen kannst. Du weißt auch, wie du Blockaden deines Körpers ganz direkt über das neurogene Zittern lösen kannst. Jetzt ist es an der Zeit, eine Entscheidung zu treffen: Willst du wirklich Goodbye sagen? Willst du wirklich raus aus dem Hamsterrad?

Deine Entscheidung hat Konsequenzen: Du übernimmst die Verantwortung, entwickelst deine eigene Praxis und übst täglich. Du lässt los, was dich zurückhält, entwickelst Vertrauen und findest zurück in deine Kraft. Die Quelle des Glücks ist die Freude – nicht umgekehrt. Freude ist, wenn du dir selbst am nächsten bist. Und wo Freude ist, ist die Liebe nicht weit. Du wirst getragen von einer unbändigen Stärke. Wenn du Freude lebst, tanzt dein Herz. Freude zeigt dir: Hier bist du richtig, hier erfüllst du dich selbst. Freude ist unmittelbar, sie ist nicht der Pokal, der am Ende auf dich wartet. Sie ist dein Lebenselixier und verleiht dir Zauberkraft. Willst du?

Grundvoraussetzung für dein Goodbye:
Triff die Entscheidung!

Die Wucht deiner Entscheidung

Niemand hat je aktiv etwas losgelassen. Du kannst es nicht machen. Für Macher ist loslassen wirklich schwierig; sie versuchen loszulassen, indem sie etwas tun, richtig atmen, eine Affirmation wiederholen, danke sagen, sie folgen verzweifelt den Anweisungen. Aber loslassen hat eine völlig andere Sprache und ein anderes Denken als machen. Der Kölner Künstler Gerhard Richter beschrieb das Malen als »eine andere Form des Denkens« im Vergleich zum Schreiben; Malen habe keine Worte und sei daher schwer zu beschreiben. Genauso passiert loslassen nicht auf der Macherebene, nicht auf der deduktiven Denkerebene: Erst mach ich etwas, dann kommt das Ergebnis. Deswegen funktioniert bei vielen Menschen das Loslassen nicht, sie kommen aus einem unpassenden Denken. Sie versuchen das Echo vor dem Knall zu erzeugen. Nur weil du die Worte »Ich verzeihe dir« aussprichst, heißt das nicht, dass du verziehen hast. Nur weil du »danke« sagst, heißt das nicht, dass du dankbar bist. Erst wenn du Dankbarkeit spürst und für dich weißt »Es gibt nichts zu verzeihen«, dann bist du wirklich frei. Loslassen passiert, wenn du dich zu 100 Prozent dafür entscheidest. 99 Prozent reichen nicht. Die Entscheidung, die du triffst, ist final und bedeutend für dich.

Willst du es wirklich?
Willst du aus den alten hinderlichen Verhaltensmustern aussteigen?
Bist du bereit, deinem Fetisch den Rücken zu kehren?

So verrückt es klingt, aber viele Menschen wollen in letzter Konsequenz nicht frei sein. Sie gehen jahrelang in Yogaklassen oder Achtsamkeitsgruppen, nur um sich ein wenig auszukotzen und dann gleich im Anschluss, sobald sie den Fuß auf die Straße setzen, weitermachen zu können wie eh und je. Junkies, die ein bisschen Wellness machen, um sich danach wieder umso gezielter in ihr Drama zu stürzen. Sie trainieren nichts Neues, sondern geben sich dem alten Wahnsinn hin, weil es einfacher ist, als die Verantwortung für die eigenen Zustände zu übernehmen.

Es geht dir besser, wenn du willst, dass es dir besser geht

Es ist eine Entscheidung. Dein Wille muss da sein. Eine Entscheidung allein reicht noch nicht, um aus einem ängstlichen Bewusstseinszustand gänzlich auszusteigen, und ich bin mir vollkommen bewusst, was für einen heroischen Akt ich von dir verlange. Allerdings wird sich nichts ändern, wenn du nicht den Mut aufbringst, das Angst- oder Sorgenmuster zu durchbrechen und etwas Ungewöhnliches zu praktizieren. Du hast die Macht, dein Leben zu verändern. Mitten in der Intensität des Erlebens, mitten im Druck oder der Angst ist genau der richtige Zeitpunkt, dich zu erinnern: »Halt! Ich will, dass es mir besser geht!«

Eine echte Entscheidung allein ist der Anstoß des Veränderungsprozesses, der dann sofort in Gang gesetzt wird. Erinnerst du dich an das letzte Mal, als du eine wichtige Entscheidung getroffen hast? Eine Entscheidung, die wirklich etwas verändert hat? Hast du irgendwann mal entschieden, einen Job zu kündigen, eine Beziehung zu beenden, final mit dem Rauchen aufzuhören? Erinnerst du dich an den Augenblick, in dem dir klar geworden ist, dass etwas zu Ende geht? Kennst du das Gefühl, wenn plötzlich die Wahrheit wie eine Wasserleiche an die Oberfläche kommt? Plötzlich ist sie unumstößlich da und lässt sich auch nicht mehr verleugnen. Im Moment der Klarheit »Es ist vorbei mit uns beiden« ist die Veränderung bereits eingetreten. Auch wenn du vielleicht noch ein paarmal hin und her überlegt hast – vielleicht seid ihr noch einige Male gemeinsam in der Kiste gelandet oder habt noch einmal mit den Kindern Weihnachten gefeiert –, so war doch in der Beziehung keine Energie mehr drin. Die Trennung war energetisch schon vollzogen.

Entscheidungen haben diese Macht. Eine innere Kündigung ist eine vollzogene Kündigung. Wenn du dich zu 100 Prozent entschieden hast, zu gehen, dann bist du draußen. Nichts kann dich noch aufhalten. Die verbleibende Zeit in dem Job gleicht dann einem Knastaufenthalt. Es ist sehr, sehr, sehr anstrengend, etwas aufrechtzuerhalten, worin du energetisch nicht mehr anwesend bist.

> *Eine echte Entscheidung verändert deine Energie. Oder anders ausgedrückt: Bei einer echten Entscheidung veränderst du deine Energie. Du sendest fortan auf einer anderen Frequenz. Selbst wenn du kein Wort aussprichst, du sendest die Info aus. Die ganze Welt, ach was, das Universum bekommt das Memo.*

Eine Intention ist eine vollendete Entscheidung

Aus einem grenzenlosen Potenzial an Möglichkeiten entscheiden wir uns für eine. Denn das Potenzial ist nichts! Erst durch die Entscheidung bekommt dein Leben eine klare Ausrichtung. Wer diese Klarheit hat, sendet sie auch aus. Diese Information wird in der Welt und im Gegenüber ankommen. Du spürst genau, wann es sich nicht mehr lohnt, es noch mal zu versuchen. Du kannst einen Menschen nicht überzeugen, sein Haus zu verkaufen, wenn er nicht ausziehen will. Und du weißt, wenn etwas vorbei ist. Gegen die Klarheit einer festen Entscheidung gibt es keine Waffe. Solche Entscheidungen sind Intentionen. Und Intentionen sind über jeden Zweifel erhaben. Anders als beim positiven Denken der üblichen Silvestervorhaben werden Intentionen von einer Kraft getragen, die alles andere verdrängt. Wir erhöhen unsere Energie, die in einem einzigen (Höhe-)Punkt, dem Punkt der Entscheidung, kulminiert und dadurch ihre Wirkung entfaltet.

Der Soundtrack deines Lebens ändert sich. Filmemacher lassen solche Höhepunkte wunderbar spürbar werden durch die Filmmusik: Wenn wichtige Entscheidungen getroffen werden, ändert sich der Sound. Die Welt hört auf, sich zu drehen, und dann hören wir den Entschluss, der das ganze Leben des Hauptdarstellers verändert. Sie sagt Ja zum Heiratsantrag, und die Filmmusik wird himmelhochjauchzend; er entscheidet sich für die dunkle Seite der Macht, und die Musik wird dramatisch tief und bedeutend.

Echte Entscheidungen haben Konsequenzen. Du richtest dich auf dein Ziel aus und gehst deinen Weg. Wenn du willst, dass es dir besser geht, dann hast du keinen Sündenbock mehr: Dann ist nicht mehr dein Mann, dein Job, dein Hund oder deine Kindheit schuld an deinen Problemen. Daher ist es auch in deiner Macht, in ein neues Bewusstsein zu wechseln. Dann stoppst du, triffst die Entscheidung und beginnst ein neues Leben. Das Leben, für das du angetreten bist: Jetzt bist du Rocky Balboa, der sein Training aufnimmt – begleitet von *The Eye of the Tiger*. (Jüngere Leser, googelt das!)

> *Intentionen sind Veränderungen, die noch nicht materialisiert,*
> *aber schon vollzogen sind.*

Echte Entscheidungen sind mehr als Worte oder Lippenbekenntnisse, und du triffst sie in Leichtigkeit. Du musst dich nicht anstrengen, du musst auch nicht für sie kämpfen oder irgendwen davon überzeugen. Du bist dir klar darüber und handelst entsprechend.

Intentionen ändern unsere Energie und mit ihr wird unser ganzes Leben neu. Wir bekommen dann buchstäblich eine andere Ausstrahlung. Wir richten uns neu aus in der Welt. Ab sofort hören wir einen anderen Sender in unserer Innenwelt. Schon die Intention, dich besser zu fühlen, verändert deine Energie und trägt dich durch den Prozess, der auch schmerzhaft sein darf – wenn

Schmerzen da sind! Es gibt dieses große Missverständnis, dass wir nicht traurig, wütend oder ängstlich sein dürfen. Das ist sehr interessant – und vollkommen bescheuert. Trauer, Wut oder Angst sind ebenso legitime Emotionen wie Freude, Lust oder Neugier. Wir haben die Fähigkeit, Bedrohungen in Herausforderungen zu verwandeln und dadurch Ziele zu erreichen, die uns zuvor unmöglich schienen. Zum Problem werden Emotionen immer nur durch das Unterdrücken oder Ausagieren. Erinnere dich: Du könntest nicht eine Minute lang unglücklich sein, wenn du in der Lage wärst, Emotionen spontan zuzulassen und durch dich hindurchströmen zu lassen, während du *gleichzeitig* in deiner inneren Weite bleibst. Eine Emotion schwingt in der Weite deines Bewusstseins, wie die Saite eines Musikinstruments im Hohlraum des Klangkörpers schwingt. Hältst du an der Saite fest, schwingt der Ton nicht. Manche spielen auf ihrem Lebensinstrument nur zwei Saiten, während sie den Rest blockieren. Das klingt scheiße und ist nicht authentisch.

Für dein gesamtes Körper-Geist-System ist es sehr schwierig, eine angespannte Situation aufrechtzuerhalten, wenn du dich entschieden hast, nicht mehr mitzuwirken. Du steckst deinen Kopf aus der alltäglichen Ursuppe und entscheidest: »So, und jetzt mach ich es anders!«

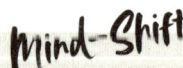

Entscheide dich:
»Halt! Ich will, dass es mir besser geht!«

Urängste beim Loslassen

Du bist vorbereitet, du kennst deine tückischen Gedanken, die daraus resultierenden Emotionen und interessanten Körpergefühle. Du weißt, wie du dich in dieses Erleben hinein entspannen kannst. Jetzt ist es so weit. Du stehst an der Klippe, so langsam wird es Zeit: Bist du zu 100 Prozent bereit, alles das, was du bisher über dich gedacht hast, wodurch du dich definiert hast, womit du dich identifiziert hast, loszulassen? Und bist du bereit, von nun an das zu tun, was dich erfüllt, dich satt, glücklich und zufrieden macht?

Welche Befürchtungen und Sorgen klingen bei dir an,
wenn du dir Gedanken zu diesen Fragen machst?

Ich sagte es ja bereits, Tiefenentspannung ist nichts für Weicheier! Loslassen ist der erste Schritt in diesem Prozess. Du bist so weit, bereit, dich dem Leben anzuvertrauen; bereit, die Fesseln der Angst zu lösen; du willst endlich das tun, was dich glücklich macht. Jetzt hast du einen unverstellten Blick in deine Abgründe, aber auch in die Weite und Freiheit vor dir. Jedem, der sich für das Fallenlassen und das Anvertrauen ins Leben entscheidet, werden mit Sicherheit Urängste begegnen. Seit Jahren begleite ich Menschen durch diesen Tiefenentspannungsprozess, und ich habe keine große Vielfalt entdeckt. In unseren Ängsten sind wir nicht sehr erfinderisch. Als Urängste bezeichne ich Ängste, die mehr oder minder stark in jedem von uns schlummern und uns antreiben. Sie kommen garantiert an die Oberfläche, wenn es um das viel beschworene Loslassen geht. Ich packe sie nun in drei Kategorien: Verlustangst, Angst vor dem Nichts und die Angst, nicht geliebt zu werden.

Verlustangst

»Ich muss loslassen, was ich lieb gewonnen habe? Soll das heißen, ich muss mein Geld loslassen, meine Kinder und meinen

Partner aufgeben, ins Kloster gehen?« Nein! Natürlich nicht! Du lässt nicht Kinder, Job und Partner los. Deine Kinder brauchen dich! Du lässt nur diese Verlustangst los, die sich jetzt gerade zeigt.

Menschen haben Angst, die Dinge zu verlieren, die ihnen am liebsten sind. Sie leben in Sorge – und dann passiert es doch. Hat dich schon einmal ein Partner verlassen? Hat deine Angst es verhindert? Kannst du faltenfrei bleiben und deinen jugendlichen Körper festhalten? Du lebst in Sorge, versuchst, alles zu kontrollieren, machst immer deine Hausaufgaben, bist freundlich, sagst sehr oft Ja, wenn du Nein meinst – und dann passiert es doch. Du bremst dich selbst den ganzen Tag aus, weil etwas passieren könnte, das du eh nicht verhindern kannst. Dennoch versuchst du es.

Zu dieser Urangst zählen
* Angst, verlassen zu werden – durch Trennung oder Tod
* Angst, dass jemandem, den du liebst, etwas zustoßen könnte
* Angst vor dem Alleinsein
* Angst, unter der Brücke zu landen
* Angst vor dem finanziellen Ruin
* Angst vor dem Älterwerden und vor dem Verlust von Schönheit und Jugendlichkeit
* Angst vor Krankheit
* Angst vor dem Verlust des Ansehens
* Angst, die Kontrolle zu verlieren
* Angst, irgendetwas zu verlieren
* Angst vor dem Tod
* …

Du hast nicht viel Kontrolle im Leben. Und die Verlustangst katapultiert dich sogar raus aus deinem Leben und rein in einen ganz, ganz miesen Film. Du bekommst gar nichts mehr von deinem Leben mit, weil du in deinem Super-Duper-Multiplex-Kino sitzt und dir wieder und wieder vorstellst, was alles Schlimmes passieren könnte. Du versuchst, mit dieser Angst etwas zu kontrollieren, was du nicht kontrollieren kannst. Verlustangst ist daher unbegründet, weil sie dich nicht beschützt vor dem Verlust und vor dem Tod, sondern vor dem *Leben*!

Mind-Shift

*Hier kommt die Auflösung der Angst: Faktencheck!
Was ist die Realität? Schau dich um. Wie sieht deine
Umgebung aus? Kannst du einen Baum sehen? Wie fühlt sich
der Boden unter deinen Füßen an? Komm nach Hause!
In welchem Film steckst du gerade? Dein Film heißt »Ich könnte
etwas verlieren«. Wo ist deine Aufmerksamkeit nicht? Genau,
bei Freude, Leichtigkeit, Gelassenheit, Liebe.*

Angst vor dem Nichts: Wer bin ich denn dann?

Diese Angst hat zwei Ausrichtungen. Wir können die Angst vor dem Nichts auf das Universum da draußen beziehen: Dann haben wir Angst vor der Leere, Angst vor Langeweile, Angst vor Einsamkeit, Angst vor dem Unbekannten und damit auch vor der Zukunft – und letztlich ist es die psychologisch begründete Angst vor dem Tod. Wir können sie aber auch auf uns beziehen: Dann ist es die Angst, unsere Identität zu verlieren und nicht mehr diejenigen zu sein, für die wir uns immer gehalten haben. Es ist die Angst, den Halt zu verlieren: »Wer bin ich denn dann?« Wer sich diese Frage ernsthaft stellt, der steht garantiert an der Klippe. Das ist eine gute Nachricht!

Angst vor dem Nichts ist eine falsche Todesangst; die Angst des Egos vor seinem Ende. Es ist unglaublich interessant, dass viele Menschen Angst davor haben, jemand komplett anderes zu werden. Sie glauben tatsächlich von sich, dass sie nach dem Sprung in die Tiefenentspannung nur noch faulenzen und nur noch an sich selbst denken würden. Alle anderen wären ihnen egal: »Dann tu ich ja nichts mehr. Dann sind wir alle Egoisten. Dann liegen wir nur noch blöd rum, kümmern uns nicht um die Kinder, und keiner will mehr arbeiten!« Als würde unter der mühsam aufgebauten, schicken, sportlichen Fassade nur eines in uns lauern: ein dummer, schlaffer Faulpelz ohne Moral und Antrieb. Das lässt tief blicken auf das verstörende Selbstbild, das wir Menschen von uns haben. Wir haben Angst vor Erschlaffung und glauben ganz fest: »Ich brauche den Druck!«

Dazu habe ich eine Frage: Wenn ich dir jetzt alles Geld dieser Welt anbiete – unter der Bedingung, dass du nie wieder irgendetwas arbeiten darfst, würdest du das Geld nehmen? Würdest du es nehmen, um auf der Couch zu liegen, und dich nicht mehr um die Kinder kümmern? Wie lange würdest du das aushalten? Würdest du nur noch an dich denken? Bist du sicher?

Entspannen heißt nicht erschlaffen! Wenn du entspannst und plötzlich jemand anderes bist, jemand Schlaffes, Träges, dann ist in deinem Entspannungsprozess etwas schiefgelaufen. Tiefenentspannung lässt dich einfach nur noch mehr werden, wer du bist. Wenn du vorher still und zurückhaltend warst, heißt das nicht, dass du jetzt ein knallharter Draufgänger wirst. Es passiert etwas ganz anderes: Du wächst. Deine eigene Brillanz kommt mehr zum Vorschein. Das, was dich ausmacht, deine besonderen Fähigkeiten und Talente, deine Farben. Entspannung verbindet dich mit deiner wilden Seele und bringt dich in deine Schöpferkraft. Entspannte Menschen terrorisieren nicht die Welt. Das machen nur Opfer und Psychopathen. Entspannte Menschen bewegen und verändern die Welt.

Entspannung ist sogar das Gegenteil von Erschlaffung! Entspannung heißt, in Verbindung mit deiner Lebensenergie zu sein. Wenn du entspannt bist, bist du frei von Angst und wirst nur du selbst. Du wächst in dich selbst hinein und erfüllst dein Leben.

Mind-Shift

Spüre in dich hinein und visualisiere dein »bestes Selbst«.
Wage eine Neuausrichtung:
- *Wer wärst du, wenn du wirklich frei wärst?*
- *Wie würde sich dein Leben positiv verändern, wenn du*
  dir keinen Druck mehr machen würdest?
- *Wie wäre es, wenn du dich dem Leben voll und ganz*
  anvertraust?
- *Wie würdest du dich bewegen?*
- *Was würdest du tun?*
- *Worauf würdest du dich freuen?*
- *Wie fühlt sich das alles an?*

Angst, nicht geliebt zu werden oder nicht liebenswert zu sein
Kochen wir all unsere Ängste runter auf die Essenz, stoßen wir
auf den Grund des Bodenlosen und stehen vor der größten Frage
des Lebens. Über sieben Milliarden Menschen verfügen alle über
dieselben Gefühle, Emotionen und Glaubenssätze und haben
dieselbe Angst vor der Antwort auf die eine Frage:

Bin ich liebenswert?

Bin ich liebenswert, so, wie ich bin? Aus Angst, nicht geliebt zu
werden für das, wie wir sind, engen wir uns in unsere klaustro-
phobischen Konzepte ein. Wir leben begrenzte Leben, weil wir
fürchten, so, wie wir sind, nicht zu genügen. Zu der Angst, nicht
liebenswert zu sein, zählen:
- Angst, es nicht wert zu sein
- Angst, nicht zu genügen
- Angst, zu viel zu sein

* Angst, nicht ernst genommen zu werden
* Angst, nicht gesehen zu werden
* Angst, kein guter Mensch zu sein
* Angst, grundsätzlich nicht gut genug zu sein
* Angst, es nicht zu können
* Angst, als Hochstapler enttarnt zu werden
* Angst, nicht zu gefallen
* Angst, Fehler zu machen
* Angst, als Versager dazustehen
* Angst, nicht wichtig zu sein
* Angst, nicht geliebt zu werden.

Mind-Shift

*Schau auf dich selbst, wie du auf jemanden schaust,
den du über alles liebst, und dann sprich folgende drei Sätze
innerlich oder laut:*

- *»Ich sehe dich.«*
- *»Ich bin da für dich.«*
- *»Ich hab dich lieb.«*

*Wiederhole diese drei kleinen Sätze, so oft du willst, wo immer
du bist. Sie wirken in dem Moment, in dem du beginnst,
dir selbst zu glauben. Wenn du die Superheldenmeditation aus
dem Kapitel »Empathie – oder Mitgefühl« übst, wird dir das
hier besonders leichtfallen.*

Was tun wir nicht alles, um Liebe und Anerkennung zu erlangen? Wir arrangieren uns, als sei das eine Tugend. Wir passen uns an, die Kleidung wird zur Uniform. Aus Ohnmacht streben wir nach Kontrolle und verlieren uns darin. Wir warten auf gute Gelegenheiten, das Leben zu leben, das unserer wilden Seele entspricht. Aber bis dahin beschränken wir uns auf das, von dem wir glauben, es sei sozial verträglich.

Zusammenfassend ist die simple Strategie bei allen Ängsten und Sorgen:

Halte die Welt an.
Atme.
Mach einen Mind-Shift.

Jeder Mind-Shift in diesem Buch kann dich weiterbringen. Wähle einen, der dich jetzt gerade besonders gut unterstützt: Mach den Faktencheck. Wähle einen neuen, positiven und wahren Gedanken. Schaffe einen Sinn. Frage dich, wo deine Aufmerksamkeit gerade nicht ist? Lass Freude, Entspannung, Leichtigkeit zu. Richte dich neu aus. Atme. Zittere. Singe dein Siegerlied!

Vertrauen

Loslassen ist eine Entscheidung, die Raum braucht. Dieser Raum heißt Vertrauen. Es ist der Raum zwischen Sicherheit und Unsicherheit. In diesem Schwellenraum empfinden wir den bekannten Kitzel, den manche als Bedrohung bewerten und dadurch Angst erleben, den du dagegen jetzt schon mehr als Herausforderung verstehst und daher Mut, Neugier und Vorfreude spürst. Indem wir diesen Raum durchschreiten, atmend, singend, zitternd, gewinnen wir an Vertrauen. Vertrauen ist der Schlüssel zu einem glücklichen und selbstbestimmten Leben. Alle, wirklich alle, mit denen ich gesprochen habe, die viel Erfahrung mit enorm hohem

Druck haben und wissen, was es bedeutet, wenn alles auf dem Spiel steht, sprechen von der Bedeutung des Vertrauens.

Vertrauen ist die Basis von guten und erfolgreichen Beziehungen. Niemand schafft es allein, jeder braucht ein Team von Menschen um sich herum, denen er vertrauen kann: Freunde, Familie, Nachbarn, Mentoren, Kollegen und Partner. Je verbundener ein Mensch sich fühlt, umso weniger Ängste empfindet er. Die Gruppe ist immer schlauer als du allein. Es macht daher großen Sinn, auf die Expertise der anderen zu vertrauen. Du tust immer gut daran, den Rat eines erfahrenen Menschen, der dich lieb hat, dein Freund oder dir wohlgesinnt ist, in Betracht zu ziehen. Besonders wenn ihr beide die gleiche Vision habt und das gleiche Ziel verfolgt, wird es leichter, und es macht einfach mehr Spaß, den Weg zu gehen. Die innere Ausrichtung nach vorn bringt euch nach vorn.

Vertrauen lässt uns Flügel wachsen und weiter gehen, als wir es uns jemals hätten träumen lassen. Vertrauen lässt uns über uns selbst hinauswachsen. Die lebenslange Erfahrung des anderen können wir nicht in uns abrufen, aber sie wird zu unserer Ressource, wenn wir Vertrauen in den anderen haben. Wir machen auf, statt zu. Wir werden weiter, offener, verbundener und reicher. Wir bewirken mehr gemeinsam.

Vertrauen und Angst sind in gewisser Weise Antipode: Sie gehören zusammen und schließen sich gegenseitig aus. Wer viel Vertrauen empfindet, in dessen Hirn sind die Bereiche, in denen Angst empfunden wird, weniger aktiv. Menschen, die Vertrauen ins Leben spüren, reagieren nicht so schnell auf äußere Reize, erschrecken sich nicht sehr schnell und zucken weniger zusammen als Menschen, die wenig Vertrauen haben. Menschen mit wenig Vertrauen haben ihre Gehirne so trainiert, Gefahren zu sehen, wo keine sind. Je weniger Vertrauen da ist, umso gefährlicher erscheint die Welt.

Ohne Vertrauen

Karl, 38, ist ein hochbegabter und erfolgreicher Start-up-Gründer mit wenig Vertrauen. Als ich ihn kennenlerne, ist sein Körper eine Festung und sein eherner Glaubenssatz: »Ich kann niemandem vertrauen«. Karl hat keine Angst vor Millionendeals, er hat Angst vor Menschen. Auch vor mir. Er gehört zu den Leuten, die bestimmte Leerstellen im Körpergedächtnis haben. Sie haben Vertrauen in der Kindheit nicht gelernt. Das vorwiegende Grundgefühl war Unsicherheit. Karl kennt mich aus der Gruppenarbeit, hat sich aber lange Zeit nicht getraut, intensiver einzeln mit mir zu arbeiten, obwohl er das gern wollte. Es dauerte zwei Jahre, bis er mich nach einem Termin gefragt hat, und dann vergingen weitere Monate, bis wir den ersten Termin wahrnahmen. Tatsächlich ist sein Körper in einer Art Dauerhochspannung, die er aber kaum spüren kann. Er ist täglich in sehr vielen Meetings rund um die Welt, und seine Gedanken kreisen den ganzen Tag um: »Was denken die anderen? Und wie reagiere ich auf diese Bedrohung?« Er schmiedet ununterbrochen Reaktionspläne auf alle möglichen Bedrohungsszenarien.

Sein Gedankenkosmos sieht so aus: »Ich kann niemandem vertrauen. Ich würde gern einen Teil der Verantwortung in meiner Firma abgeben, aber ich finde nicht die richtigen Leute. Vielleicht suche ich auch falsch. Ich verstehe nicht, dass keiner mehr Lust hat, alles zu geben. So kann ich sicher keine Kontrolle abgeben. Dann bricht alles zusammen. Sofort. Ich glaube, die wissen gar nicht, wovon ich spreche. Ich versuche, das Denken und Verhalten von allen Menschen, denen ich begegne, vorauszuberechnen. Vor emotionalen Menschen habe ich ehrlich gesagt Angst, da halte ich mich einfach fern. Die sind unberechenbar. Ich sehe die Defizite in jedem Unternehmen und finde Lösungen. Wenn einer sagt: ›Das geht nicht! Das können wir nicht machen‹, dann weiß ich: Der hat keinen Bock auf die Arbeit. Dann sag ich zurück: ›Hör zu, du machst den Job seit 20 Jahren. Ich kenne mich darin nicht aus, ich habe das nicht gelernt, aber ich werde mich reinknien und dir in 14 Tagen beweisen, dass es geht! Also muss es für dich schneller gehen.‹ Oft genug mach ich mir dann auch die Arbeit, denn dann weiß ich: Ein zweites Mal kommt er nicht mit der Antwort ›Das geht nicht‹. Aber ich möchte das nicht, ich will mir nicht immer den Kopp für die anderen machen. Ich kann einfach nicht verstehen, wie jemand nicht 100 Prozent geben kann.«

Karls Dilemma ist, dass er etwas sucht, was er nicht finden kann: seinen Klon. Karl war sicher, dass seine Probleme, die Anstrengung, das Nicht-zur-Ruhe-Kommen, das Leben in einem Dauerbedrohungsszenario durch das richtige Personal zu lösen seien. Er war tief betroffen, als er verstand, dass seine Dauerhochspannung veränderbar war – und zwar durch ihn selbst. Mentales Training, die Angstgedanken hinterfragen, neue Gedanken formulieren, sich über den Fokus auf den Atem in den Körper zurückholen und die Hochspannung durch das neurogene Zittern entladen, das ist nun seine tägliche Praxis. Ich sah es als meine Hauptaufgabe an, ihn dabei zu unterstützen, wieder ein sicheres Körpergespür zu entwickeln. Das ist so, als würdest du einen kleinen Vogel mit der Pipette aufziehen. Es braucht Zeit und immer wieder das Hineinbegeben in den Raum des Vertrauens, den Schwellenraum zwischen Sicherheit und Unsicherheit. Wenn Karl sich in der Einzelarbeit in diesen Raum vorwagt, dann zuckt sein Körper ununterbrochen ruckartig und gibt so Hochspannung ab.

Große Veränderungen setzen sich durch, wenn sie kontinuierlich mindestens zwei bis drei Jahre trainiert werden. Sie müssen der neue Lifestyle werden, nicht nur eine vorübergehende Sache: neues Denken, bewusstes Atmen und immer wieder neue Körpererfahrungen verankern. Allein der Weg in die Einzelarbeit war schon ein riesiger Schritt für Karl. Es ist wichtig, solche Schritte innerlich zu würdigen und zu verstehen, dass sie bereits große Erfolge sind.

Vertrauen muss trainiert werden. Dich immer wieder bewusst

in Situationen zu begeben, die dich mit großer Wahrscheinlichkeit erfolgreich über die Schwelle der Unsicherheit gehen lassen, das ist der sicherste Weg, es zu lernen: regelmäßige kleine Schritte. Das zu üben – mit Menschen, die einem wohlgesinnt sind – ist ein Sprung ins Vertrauen. Karl sagt: »Durch das Erkennen meiner Muster kann ich langsam loslassen – wirklich langsam. Ich merke zwar immer noch erst spät, wie verspannt ich bin, aber die Zeiträume, in denen ich es bin, sind viel kürzer geworden, und es fällt mir auf. Ich glaube, wir sind auf einem guten Weg. Meine Frau sagt, diese Arbeit ist die wichtigste Arbeit, die ich je gemacht habe.«

Mit Vertrauen

Vertrauen beschreibt meine großartige Lehrerin und die Grande Dame des Breathwork, Tilke Plattel-Deur, als einen Ort hinter der Angst. Seit 1978 vermittelt sie Atemarbeit und ist, gemeinsam mit Hans Mensink, Begründerin der ganzheitlichen integrativen Atemtherapie. Sie beschreibt das Arbeiten mit dem bewusst verbundenen Atem als Brücke zwischen Denken und Fühlen. Wie keine andere versteht sie den »Geist des Atems, der die Fähigkeit hat, uns mit unserer wirklichen Kraft in Kontakt zu bringen und uns mit einer Energie zu verbinden, die größer ist als wir selbst. Es ist diese Energie, die uns in unserem Leben immer wieder unterstützt.«[16]

Ich möchte gern eine Geschichte von ihr hören, die Vertrauen widerspiegelt, und sie erzählt mir folgenden Moment aus ihrem Leben: »Ich hatte einen Termin zur Mammografie. Normalerweise musste ich im Anschluss immer im Wartebereich auf eine Assistentin warten, die mir dann sagte, ich könne nach Hause gehen. Aber nicht dieses Mal. Die Labordame kam herein und sagte mir, dass der Arzt mich sehen wolle. Sofort wusste ich, dass etwas überhaupt nicht in Ordnung war. Eine enorme Angstwelle schoss durch meinen Körper. Aber mein Körper wusste, was zu tun ist und wie er damit umgehen kann. Mein Körper begann spontan verbunden zu atmen, während ich in das Büro des Radiologen ging. Während der Arzt eine Ultraschalluntersuchung machte und mir eröffnete, dass etwas ganz und gar nicht stimmte, atmete ich verbunden weiter – voll und ein wenig laut. Wegen der Gefahr einer Hyperventilation forderte er mich auf, langsamer zu atmen. Ich antwortete ihm, dass er mit seiner Arbeit fortfahren und mich atmen lassen solle. Es war gleichzeitig eine furchtbare und wundervolle Erfahrung. Mir wurde klar, dass es das erste Mal war, dass ich lebensbedrohliche Ängste fühlte, ohne sie zu unterdrücken. Die verbundene Atmung half mir, meine Furcht zu tragen, zu fühlen und zu integrieren. Dahinter oder besser auf dem Boden dessen fand ich Vertrauen vor. Somit ist Vertrauen für mich die Abwesenheit von Angst.«

> *Vertrauen ist das höchste menschliche Gut. Es ist das sichere Gefühl, das sich einstellt, wenn die Fesseln der Angst gelöst sind.*

Und es wird weiter und intensiver, je öfter du dich deiner Angst stellst und dich in diesen Raum des Vertrauens begibst. Erst dann erkennst du, wer du sein kannst; dass du zu mehr fähig bist, als dein begrenzendes Ego dir weismachen möchte. Wer vertraut, geht also ein Risiko ein. Du gibst die Möchtegern-Kontrolle über dein Leben ab. Es ist – ich betone – eine Kontrolle, die du eh nie hattest. Du weißt nicht, was passieren wird. Du könntest scheitern. Du glaubst, dein Leben mit deinen Gedanken kontrollieren zu können, aber noch deine schlimmste Fantasie hat nichts mit der Realität zu tun. Umgekehrt, wenn das Unaussprechliche passiert ist, dann hast du es auch nicht herbeibeschworen. Du musst schon ganz schön größenwahnsinnig sein, wenn du glaubst, dass du diese Kontrolle über dein Leben, deinen Körper oder das Leben der anderen hättest.

Das Leben katapultiert uns manchmal einfach hinein in diesen Schwellenraum, sei es durch Krankheit, Missbrauch, Tod, Trennung oder Verlust des Jobs. Wir werden dann dazu gezwungen, uns in diesem Schwellenraum zu bewegen. Gehen wir durch ihn hindurch, löst sich die Angst auf. Der Nervenkitzel verschwindet. Lebendige Stille, Weite, Ruhe, Freude und Frieden machen sich breit.

Mind-Shift

Im Schwellenraum gibt es zwei Richtungen:
Durch das Gefühl der Bedrohung/Herausforderung hindurch
nach vorn ins Vertrauen oder zurück in die altbekannten
Kontrollmuster.
Welche Richtung wählst du, wenn du in den Schwellenraum
gerätst? Gehst du in Richtung Vertrauen oder in Richtung
Kontrolle? Vor oder zurück? Möchtest du weiter in diese
Richtung gehen?

Du bist nicht so speziell, wie du denkst, Liebling!

Der Tod meines Bruders mit 20 Jahren, ein Unfall meines Vaters, der ihn als hundertprozentigen Pflegefall zurückließ, und nur ein paar Wochen später der Genickbruch meiner Mutter, die diesen auf wundersame Weise nicht paralysiert überlebte; die einschneidenden Ereignisse in meinem Leben sind nicht passiert, weil ich Angst vor ihnen hatte. Ich habe sie mir nicht ausgemalt, und ich habe nicht in ständiger Sorge gelebt. Sie sind passiert, obwohl ich überhaupt keine Fantasie dafür hatte. Sie sind einfach passiert. Sie sind aus heiterem Himmel in mein Leben gedrungen und haben meinen engen Horizont zerborsten und für immer aufgesprengt. Auch wenn diese Ereignisse sehr schmerzhaft waren, so war der Entwicklungsprozess, den diese Ereignisse ausgelöst haben, auch wundervoll für mich. Ich habe den Weg nach vorn gewählt, den Schritt in das Vertrauen. Diese Umstände haben dafür gesorgt, dass ich all das lernen durfte, was ich dir hier weitergebe, und das tue, was ich liebe. Unter all den Widrigkeiten des Lebens habe auch ich in der Tiefe immer wieder etwas vorgefunden, was unbezahlbar ist: unerschütterliches Vertrauen und grenzenlose Lebensfreude.

Ein sehr wichtiger Aspekt, um mit den Widrigkeiten des Lebens umzugehen, ist, sie als natürlichen Faktor unseres Daseins zu verstehen. Glaube nicht, dass du allein bist mit den Kurven, Einbahnstraßen und Sackgassen, oder dass du etwas falsch gemacht hast, weil das Leben gerade ziemlich holprig daherkommt. Menschen, die glauben, ein Leben in Harmonie und ohne Widrigkeiten sei erstrebenswert, sind nachweislich am wenigsten glücklich. Sie versuchen, auch noch da Harmonie zu bekommen, wo sie vollkommen fehl am Platze ist. Sie streben nach einem Leben, dass es nicht gibt, und wundern sich, dass sie nicht erreichen können, was nicht erreichbar ist. Sie glauben darüber hinaus, dass etwas mit ihnen nicht stimme, weil sie es nicht schaffen. Das Einzige, was hierbei nicht stimmt, ist die Haltung, und die ist, wie wir wissen, veränderbar. Sich allein zu fühlen mit den Widrigkeiten des Lebens ist ein großes Hindernis auf dem Weg in die Freiheit. Wenn du das Gefühl hast, die anderen sind alle glücklicher als du, oder glaubst, du bist der Einzige, der sein Leben nicht auf die Reihe bekommt, dann liegst du sehr falsch mit diesen Annahmen. Ziehe in Betracht:

Du bist nicht so speziell, wie du denkst, Liebling! Niemand kommt ohne Schmerzen, Verlust und Enttäuschung durchs Leben.

An dieser Stelle verrate ich dir einen der wichtigsten Mind-Shifts überhaupt:

Mind-Shift

Willst du Blumen? Kauf dir welche! Sei die Quelle dessen, wonach du dich sehnst. In schwierigen Lebensumständen glauben wir häufig, dass nur etwas von da draußen uns retten könnte. Wir sehnen uns nach jemandem, der uns unterstützt und Kraft gibt. Doch du katapultierst deine eigene Transformation nach vorn, wenn du dich selbst als die Quelle dieses Bedürfnisses ansiehst.

Finde die Gelegenheit, anderen das zu geben, wonach du dich sehnst. Wenn du das Gefühl hast, keine Zeit zu haben, gehe tatsächlich raus und verbringe etwas von deiner kostbaren Zeit mit einem Menschen, der sich darüber freuen würde. Das Geben transformiert, selbst wenn du dich dazu zwingst. Es wirkt.

Finde jeden Tag kleine Dinge, wie du andere Menschen unterstützen kannst. Schenke einem Menschen deine ganze Aufmerksamkeit, schenke dein Lächeln, höre zu. Kleine Taten jeden Tag können stärker sein als die eine große Heldentat einmal im Leben. Wenn du andere unterstützt, wirst du diejenige sein, die Unterstützung erfährt. Wenn du anderen mehr Dankbarkeit zeigst, wirst du mehr Dankbarkeit spüren. Du empfängst, was du gibst. Du glaubst mir nicht: Probiere es aus! Ganz simpel zusammengefasst: Willst du Blumen, dann bringe sie an den Tisch!

Glanz und Gloria?

Transformation passiert, wenn wir unsere Grenzen ausweiten und in Bereiche vordringen, in die wir uns zuvor nicht gewagt haben. Haben wir Erfolg, wächst das Vertrauen exponentiell. Aber auch wenn du nicht unbedingt mit Glanz und Gloria durch den Schwellenraum gehst, kannst du an Vertrauen gewinnen. Denn auch dann machst du die Erfahrung, dass du überlebst, dass du durchkommst und auf deinen Füßen landest. Die Zeit, in der du vor deiner Angst weggelaufen bist, ist vorbei. Du nutzt die Energie, die dein Körper zur Verfügung stellt, und überschreibst eine alte Bedrohungserfahrung mit einer neuen Erfolgsgeschichte. Du schreibst neue Informationen in das Körpergedächtnis. Deine alte Geschichte ist nun nicht mehr deine Fessel, du hast sie abgeschüttelt. Du bist kein Opfer der Umstände mehr und gehst als strahlender Held weiter: Du hast es geschafft!

Obwohl Scheitern an sich das Potenzial hat, dich über dich selbst hinauswachsen zu lassen, so machen Erfolge doch mehr Spaß.

Deswegen knüpfe dir nicht direkt deine größte Angst vor, sondern starte mit ganz kleinen Herausforderungen. Nimm dir Situationen, die nicht wichtig sind, die nicht über deine Karriere oder dein Leben entscheiden. Du weißt schon – ich meine die Momente, in denen du früher dieses Wort, dem wir Goodbye sagten, erwähntest. Wenn eben dieses mulmige Gefühl da war. Irgendwas war komisch, aber du hast es unter den Teppich gekehrt. Entdecke immer wieder Situationen im Alltag, um hinderliche Gewohnheiten zu verändern. Dein Alltag ist ein perfekter Spielplatz voller kleiner Gelegenheiten zum Üben der Mind-Shifts. Es geht darum, neue Muster anzulegen. Dinge anders, lustiger, freundlicher, einfach neu zu machen.

Wenn dein Herz klopft, bist du dran: Halte die Welt an!

Im Alltag unterdrücken wir häufig die Signale des Körpers. Wir ziehen uns lieber zurück oder rasten aus, als proaktiv vorzugehen. Lerne, dich für deine kleinen Ängste zu begeistern. Wenn du getriggert wirst: sehr gut! Stoppe jetzt. Halte die Welt an! Lass den Autopiloten nicht einfach weiterlaufen. Werde still und atme bewusst. Es ist an der Zeit, den Film zu stoppen und deine Aufmerksamkeit von deiner Außenwelt abzuziehen und auf deine Innenwelt zu lenken. Freue dich auf den gesamten inneren Prozess – genügend Werkzeug hast du ja mittlerweile. Sei neugierig auf deine Abgründe. Beobachte die Emotionen und Gefühle, die sich jetzt auf der Projektionsfläche deines Körpers abspielen, und öffne dich für das, was passiert. Der Ausgang ist völlig ungewiss, du weißt nicht, was am Ende sein wird. Ganz sicher ist: Es wird anders sein als das, was du dir vorgestellt hast.

Dein Leben ist voller kleiner Stolpersteine, die dir viel Gelegenheit geben, zu trainieren: Dein Freund/Kollege/Nachbar hat eine blöde Bemerkung gemacht, vielleicht noch nicht einmal über dich? Dennoch stimmt in dir etwas nicht, denn dein Körper hat reagiert. Du fühlst dich »getroffen«, du spürst diesen kleinen Stich ins Herz. Selbst wenn so eine Situation scheinbar gar nicht belastend ist, dein Herz aber schneller klopft, ist etwas in dir, das jetzt gerade berührt ist und gesagt oder in einer anderen Form ausgedrückt werden möchte. Wenn du es jetzt wieder schluckst oder durch einen Wutanfall ausagierst, verstärkst du nur dein altes Muster und bist im Übrigen wahrscheinlich die Einzige, die unter dem Druck leidet. In scheinbar ganz banalen Situationen spürst du es, das flaue Gefühl, obwohl die Situation an sich harmlos ist. In diesem Empfinden verbirgt sich ein Geschenk für dich. Hör hin! Das ist bereits dieser Kitzel. Dein Körper macht dich darauf aufmerksam, dass du jetzt dran bist. Es ist so weit. Hier ist eine offene Tür in deine Freiheit. Wenn dein Herz pocht, bist du dran! Dann laufe nicht weg, sondern trainiere.

Mach den Mund auf!

Die Performance der britischen Künstlerin Jade Montserrat in einer Kölner Galerie hat etwas in mir getriggert. Ich hätte Jade gern angesprochen, fühlte mich jedoch klein, schüchtern und wusste gar nicht, worüber ich denn sprechen sollte. Es war ein ambivalentes Gefühl, gleichzeitig hingezogen und weg wollend. Ich sprach mein Empfinden gegenüber Jenny aus, die ich eben erst auf der Vernissage kennengelernt und mit der ich mich wunderbar über Gott und die Welt unterhalten hatte. Das veränderte bereits mein Erleben. Ich fühlte mich etwas leichter, doch das unterschwellige ambivalente Empfinden blieb. Die kleine Angst war zwar ausgesprochen, aber ich hatte mich ihr noch nicht gestellt. Jenny lachte und sagte: »Wir stellen uns jetzt einfach dazu und hören nur zu.« Das taten wir. Die Künstlerin war es dann, die sich mir vorstellte. Und dann tat ich den kleinen Schritt über die innere Klippe und ließ mich auf das Ungewisse und auf etwas Neues ein: Ich gab mir einen Ruck und erzählte Jade von meiner Angst, sie anzusprechen. In diesem Augenblick passierte etwas sehr Schönes und Bemerkenswertes: Obwohl Jade gar nicht angespannt wirkte, entspannte sie sich merklich. Die Worte purzelten nur so aus ihr heraus: »I am scared all the time!« Sie erzählte mir von ihrer Angst; als Frau, als Künstlerin, als Schwarze, als Mensch, sie sprach von eigenen und kollektiven Ängsten. Ihre gesamte Kunst auf der Vernissage handelte von der Angst, nicht den Mund aufmachen zu können. Aber das konnte ich erst jetzt erkennen! Wir tauschten uns intensiv aus, und das war ein wundervoller Glücksmoment.

Solche Momente sind es, für die ich unwahrscheinlich dankbar bin und die mein Leben sehr reich machen. Momente, in denen sich Herzen öffnen und wir uns miteinander verbinden und ineinander erkennen. Dafür lebe ich. Es sind die kleinen Momente des Lebens, in denen die Zeit verschwindet und wir einen unverstellten tiefen Blick in unsere Seelen bekommen. In jedem von uns passiert dann etwas Heilung.

So viele Schätze gehen verloren, wenn wir vor unseren Ängsten davonlaufen, sie unterdrücken oder so tun, als seien sie belanglos. Wir können uns weiterhin sagen »ist doch vollkommen egal, ob du es aussprichst oder nicht«, sicher hätte ich auch glücklich nach Hause gehen können, wenn ich nicht mit Jade gesprochen hätte. Aber ich bin definitiv freier, mit mehr Selbstvertrauen, mit dem Gefühl einer tiefen Verbundenheit und reicher nach Hause gegangen, weil ich mit ihr gesprochen habe!

Mind-Shift

Bilde echte soziale Netzwerke und stärke so das Gefühl der Zusammengehörigkeit. Die Welt ist dein Spielplatz. Nutze »sichere« Alltagsgelegenheiten, um hinderliche Muster umzuschreiben, und erkenne dich selbst in den anderen.

Lächle Fremden zu – die Anfängerübung

Sie begegnen dir überall, an der Kasse im Supermarkt, in Wartezimmern, in der Straßenbahn, im Bus, im Zug, im Skilift, im Park, wo du nur hinschaust – hauptsächlich Fremde! Fang easy an, fang an mit einem Lächeln. Dann erlebst du eine interessante Veränderung in der Energie deines Gegenübers. Spüre, wie es dir damit geht. Ich erinnere mich, wie mein Freund Georg an einem Obdachlosen in der U-Bahn-Station vorbeiging und ihm freundlich in die Augen schaute. Er schien der Einzige zu sein, der diesen Mann überhaupt wahrnahm. Der nun rief meinem Freund zu: »Endlich ein Mensch!«
Meistens geht es dir besser, wenn der andere sich freut. Wichtig: Bleib nicht kleben dabei. Mach es nonchalant im Vorbeigehen. Lächelnd durchs Leben zu gehen ist entspannend

*und erhöht dein Energielevel. Alles, was dein Energielevel
anhebt, füllt dein Leben mit noch mehr Zufriedenheit.*

Sprich mit Fremden – für Fortgeschrittene
*Antworte, wenn ein Fremder dich anspricht. Klingt
selbstverständlich, oder? Ist es aber nicht. Wenn du unterwegs
bist, passiert es oft genug, dass du angesprochen wirst und es
gar nicht bemerkst, weil du so beschäftigt bist. Antworte der
alten Frau im Wartezimmer, wie du einer Freundin oder einem
guten Bekannten antworten würdest. Sei neugierig. Sprich
Fremde auch von dir aus an. Sieh die Gemeinsamkeiten,
sieh Dinge, die du liebst, in jedem, der dir begegnet.
Ich sagte doch – für Fortgeschrittene!*

Dein Körpergedächtnis beginnt, die alte Angsterfahrung mit
einer Muterfahrung zu überschreiben. So weitest du langsam
deine Grenzen aus. Je öfter du die Erfahrung machst, dass es
sicher ist, den Mund aufzumachen, auf andere Menschen zuzugehen, Unterstützung anzunehmen oder anzubieten, desto weiter
werden deine Grenzen. Der Kitzel verschwindet. Selbstbewusstsein macht sich breit. Der nächste Sprung ins Nichts wird dir jetzt
noch viel leichter fallen. Ja, er macht sogar richtig Spaß, und du
freust dich drauf, denn irgendwo ahnst du schon: Es kann gelingen, und du wirst stärker aus der Sache herauskommen. Du entwickelst etwas, das nur du selbst entwickeln, was du mit keinem
Geld der Welt kaufen kannst und das dir auch niemand wegnehmen kann: echtes Selbstvertrauen! Die höchste Form des Vertrauens!

Angst ist sozusagen der Glaube an das Böse, daran, dass etwas
Schlimmes passieren könnte. Vertrauen ist der Glaube an das
Gute im Menschen und im Leben. Es ist in der Tiefe der Glaube

an das Gute in dir selbst. Du weißt: Egal, was passiert, du landest auf deinen zwei Füßen. Du gehst offen auf andere Menschen zu, weil du weißt, wer du bist. Ja, selbst wenn der andere dich hintergeht und dein Vertrauen missbraucht, wirst du nicht an dir und an deinem Selbstwert zweifeln. Du lernst daraus und schaust in Zukunft genauer hin.

Niemand ist allein. Der Mensch ist ein soziales Tier, und wir brauchen einander. Anderen Menschen einen Vertrauensvorschuss zu geben basiert auf dem Fundament deines Selbstvertrauens. Selbstvertrauen setzt deine Lebenskraft frei: Menschen, die tief in sich ruhen, empfinden tiefe Freude.

Freude

Als Kind hatte ich klare Träume in der Nacht. Ich strömte durch pure Energie, durch Licht und Farben. Ich hatte einen luziden, durchsichtigen Körper, der meiner damaligen Größe entsprach, 1,28 Meter. Ich konnte meine Körperhülle nicht sehen, aber deutlich spüren. Nur durch diese eine feine, hauchzarte Membran war ich getrennt vom unbeschreiblichen Strom des Universums. Diese hauchzarte Schicht kreierte gerade so viel Distanz, wie notwendig war, damit ich ein Ich im Gegensatz zu dieser Wahnsinnsenergie wahrnehmen konnte. Die Energie des Lichtstroms war grenzenlos, ich selbst war durch den Körper begrenzt, gleichzeitig aber auch absolut bewusst, dass ich eins bin mit diesem Strom, durchdrungen davon, glückselig und ekstatisch. Es gab Farben in dieser Energie, sie waren sehr hell, wie die Farben eines reinen Diamanten, die vom Sonnenlicht reflektiert werden. Das Empfinden war zutiefst sanft, beschützt, eingebunden, durchdrungen, ekstatisch, kraftvoll und sicher. Und das kann ich nur nachträglich so beschreiben, weil es in dem Strom beinahe keine Dualität gab. Weil es nirgendwo Unsicherheit gab, gab es an sich auch kein Gefühl von Sicherheit. Kurzum, es war das größte Glücksgefühl, eine allumfassende, strömende Freude, Geborgenheit. Es war alles, was ich für immer wollte. Alles eins. Und das Mädchen, das abends oft gar nicht schlafen wollte, damit es nicht so lange vom Leben wegbliebe, hatte in diesen Träumen nur einen Gedanken: »Bitte, bitte, lass mich nie wieder aufwachen!«

Diese Stromerfahrung blieb für mich neben der »Wirklichkeit« eine gleichzeitige Realität, die ich intensiv in mein Wachbewusstsein und in die Schule mitnehmen konnte. In den Tagen nach so einem Traum fühlte ich mich ekstatisch, sorgenfrei, leicht und glücklich. Eine unbändige Freude lodert in mir, die ich auch in den dunkelsten Tagen des Lebens noch erahnen kann. Doch damals sickerten nach und nach die begrenzenden Erfahrungen des Alltags wieder ein, und ein Gedanke erschreckte mich ungeheuerlich: »Du warst allein in dem Strom! Du wolltest ganz sicher für immer allein sein!« Ist die Dualität aufgehoben, gibt es keine Trennung. Dieses All-Eins-Sein im Universum war als Kind schwer zu verpacken. Das, was wir »Wirklichkeit« nennen, löst sich für mich immer mal wieder in besonders fließenden Momenten, beim Tanzen, in der Yogapraxis oder Atemmeditation, komplett auf. Es verschwindet restlos. Dann ist da nur noch Energiefluss, kein Körper mehr, noch nicht einmal die Membran, nur noch Sein. Keine Fragen.

Beide Realitäten, Energie und Form, sind gleichzeitig präsent und können gleichzeitig erfahren werden. Sie haben Einfluss aufeinander: Das Angstfreie, Leichte und Weite kann die unnötigen Kämpfe, Ängste und Sorgen, die Bedürftigkeit, den Minderwert, die Ohnmacht des Alltags puffern, ja, sogar eliminieren. Je tiefer du in der lebendigen Stille dieses All-Eins-Bewusstseins marinierst, umso intensiver kannst du diese starke Erfahrung in deinen Alltag transportieren und aus diesem kraftvollen und glücklichen Ort in dir leben. Für die Suchtmenschen unter uns: Es ist besser als jede Droge!

Atemmeditationen, die diese Erfahrung transportieren können, hast du bereits im Kapitel »Die Ebene der Emotionen« kennengelernt. Doch das Geheimnis ist: Selbst die brauchst du letztendlich nicht, um in die Erfahrung zu gehen. Auch die sind nur ein Floß, das hilft, solange wir noch nicht sicher sind, wie wir rüberkommen auf die andere Seite, vom Denken in das Sein. Letztendlich ist es nichts anderes als die Frage: »Wer bist du, wenn du frei bist?« Gehst du allen Konzepten, allen Ängsten, allen Wertungen und Urteilen für einen Moment aus dem Weg und hast den Mut, dich auf etwas einzulassen, was anders ist als das begrenzte Ich, so erfährst du es. Du bist. Vollkommen. Brillant. Mit allem verbunden. Kein Ich und auch kein Du mehr. Pure Energie. Dann spürst du es voll und ganz: Vertrauen in dich und ins Leben. Echtes Urvertrauen und pure Lebensfreude.

Gleichzeitige Realität

An dieser Stelle drängt sich mir noch einmal der Basketballmagier Holger Geschwindner in den Kopf, und da ich finde, dass er ausnahmslos recht hat, möchte ich dich an der Konversation teilhaben lassen.

»Sie möchten dem Leser eine Erfahrung vermitteln, die mit Worten nicht zu beschreiben ist. Wir haben hier ein elementares Problem«, gibt Geschwindner zu bedenken und erzählt eine kleine Geschichte: »Als der Reinhold Messner zum ersten Mal auf dem Mount Everest ohne Sauerstoff oben stand, hat er das zum ersten Mal erfahren. Und ich behaupte jetzt mal, der ist kein Dichter. Er hat wie jeder ein gewisses Basisvokabular. Steht jetzt aber in einer Situation, die er nie zuvor erklettert hat, kommt runter und soll den Neugierigen erklären, was er da oben erlebt hat!«

»Was hat er gesagt?«, frage ich.

Geschwindner: »Ich denke mir, er hat schlauerweise gesagt: Ich habe gebetet. Da kann sich jeder denken und draus schnitzen, was er will. Aber im Grunde hat er eigentlich gar nichts mitgeteilt! Das ist ein Phänomen, das er erfahren hat, wenn man nicht gerade ein Dichter wie Hölderlin oder Rilke ist, dann hat man schlechte Karten, das Eigentliche zu beschreiben. Also gibt es ein Päckchen von Vokabeln und da kann sich jeder was raussuchen und das interpretieren.«

Mein großes Plus ist, dass du bereits ein Gipfelstürmer bist. Du musst den Berg nicht bezwingen, um diese Erfahrung zu machen. Du bist sie bereits. Der Mensch ist jedoch so veranlagt, dass er einen gewissen Vorlauf braucht, um sich für das Unbeschreibliche zu öffnen: Er bezwingt einen Berg, setzt sich über Jahre in eine Klosterzelle, geht den Jakobsweg, er greift nach Ideen, die kein Mensch vor ihm hatte. Indem er es vollbringt, was zuvor unmöglich schien, schafft er eine Realität, die jetzt glaubhaft ist. Jetzt ist diese Realität auch anderen zugänglich. Plötzlich ist etwas machbar geworden, was vorher unmöglich schien.

Du und der Augenblick, ihr seid eins. Diese Erfahrung war lange Zeit Mystikern, Sinnsuchern, Extremsportlern, Junkies und alten Männern mit Bärten vorbehalten. Doch jetzt ist das Bewusstsein plötzlich da. Weil die Zeit reif ist, ist die Erfahrung zugänglich, und jedermann fragt sich: »Was haben wir bloß die ganze Zeit gemacht?! Verrückt, dass wir da jetzt erst draufkommen!« Die Zeit eines neuen Bewusstseins ist gekommen, und es ist uns allen zugänglich.

Ein Blitzschlag

Wo ich herkomme, gehst du nicht zu Therapeuten oder Psychologen, deine Nöte handelst du mit dir selbst aus. In meinem Umfeld, 1994, waren das nur »Bekloppte«, die zum Seelenklempner gingen. Und kurz nach dem Tod meines Bruders bin ich hin. Ich war sehr traurig zu der Zeit, und als ich eines Tages nach der Mittagspause in meiner PR-Agentur plötzlich einfach steif wurde, kaum noch atmen konnte, mir alles aus den Händen fiel, weil ich nichts mehr festhalten konnte, mein Herz raste und ich eine Zeitlang regelrecht paralysiert war, glaubte mein Arzt, es könne eine psychische Reaktion sein und empfahl mir eine Therapie. Wir haben später rausgefunden, dass ich nur einen allergischen Schock hatte. Ich hatte das Glutamat nicht vertragen, das in dem chinesischen Mittagessen ausgiebig enthalten war; aber wie gesagt, das kam erst später.

Zuerst saß ich in dem kahlen Zimmer einer Psychiaterin. Sie trug tatsächlich einen weißen Kittel, stellte mir mechanisch Fragen und schaute mir kein einziges Mal in die Augen, sondern hielt sich immerfort an ihrem Klemmbrett fest und machte Notizen. Ich war sehr offen und berichtete ihr von meinen ungewöhnlichen, energetischen Zuständen. Sie blickte nicht auf, wirkte eher wie auf der Durchreise und sagte am Ende: »Beim nächsten Termin müssen wir dann die Hirnströme messen, um zu schauen, ob mit Ihrem Hirn alles in Ordnung ist.« Spätestens in diesem Moment wusste ich: Das ist nicht mein Weg in die Freiheit. Vor lauter Angst vor dem, was meine Hirnströme über mich aussagen könnten, beschloss ich, mir meine Diagnose nicht abzuholen. Ich befürchtete einen Stempel, den ich nicht wieder loswürde, also besser gar nicht noch mal hin, so dachte ich damals. Dank dieser völlig unempathischen Frau nahm mein Heilungsweg eine andere Route. Er führte mich auf Entdeckungsreise in die Welt der Körper-, Atem- und Bewusstseinsarbeit. Negative Episoden des Lebens begreife ich auch heute noch als Banden oder Leitplanken, die meinen Weg absichern und die Kompassnadel neu justieren.

Es geht nur um die Erfahrung

Als ich von Jill Bolte Taylors Schlaganfall hörte, war ich begeistert! Zum ersten Mal war da jemand, der genau diese »verrückte« Erfahrung nicht nur eindrucksvoll beschreiben, sondern als Hirnforscherin auch noch zu erklären versuchte, warum das Sich-Auflösen in Energie völlig normal ist. Jeder kann es erfahren! Du kannst die Freiheit von Ängsten, Sorgen und Zwängen wählen.

Wenn es etwas gibt, wonach du dich jemals gesehnt hast, dann ist es genau das. Du arbeitest hart, gibst alles, strengst dich an, gehst Risiken ein, bekommst Kinder, baust Häuser, gründest Firmen, ziehst in Kriege, wartest auf die Rente, um am Ende eine gefühlte Erfahrung zu haben. Ein Gefühl von Fülle, Freude, Glück, Überleben, Zufriedenheit, Genugtuung, Freiheit, Sieg, Am-Ziel-angekommen-Sein. Das ist es doch, was du am Ende haben möchtest, oder nicht? Sogar wenn du den hehren Wunsch hast, die Welt ein wenig besser zu hinterlassen oder sie in deinem Größenwahn vielleicht sogar zu retten gedenkst, dann tust du das, um am Ende etwas zu empfinden: ein Bewusstsein von Frieden und Freude.

Dabei ist dieses Bewusstsein, nach dem du strebst, genau das, was die ganze Zeit immer genau da ist, wo du bist. Es ist da. Die Frage ist, erlaubst du es? Manchmal können wir es gut erlauben. Wir schaffen es, die Brücke zu schlagen und eine andere, freiere Perspektive auf das Leben einzunehmen. Sehnsuchtsorte, Lieblingsdinge oder Menschen; wenn wir Ziele endlich erreicht haben, wenn wir uns mit ihnen verbunden haben, dienen sie uns als Brücke in einen anderen Seinszustand – für einen Moment. Sie sind die Zigarette, die wir rauchen, um den Atem zu spüren. Sie sind ein »um zu«. Ich gehe arbeiten, um Urlaub zu machen; ich möchte Kinder, um ein erfülltes und sinnvolles Leben zu leben; ich will das Stück Kuchen, um mich gut zu fühlen. Wir wollen das Gefühl, das diese Dinge, Menschen, Beschäftigungen uns geben, und glauben, es sei das Ding, das wir brauchen. Wir verwechseln die Droge mit dem Zustand, in den sie uns versetzt. Diese Freude oder dieses Glücksbewusstsein ist aber immer da, und du kannst dich jederzeit in dein Glück reinsetzen. Du musst nicht erst noch etwas erreichen, damit du es besonders stark spüren kannst. Du bist schon mittendrin, du kannst es nur noch nicht erfahren, weil du gerade eine Virtual-Reality-Brille trägst, die dir ein enges und anstrengendes Empfinden vorgaukelt: ein unbewusstes Grundrauschen, dass jeden Morgen eine Nanosekunde nach dem Aufwachen startet.

Doch nun zurück zu Jill Bolte Taylor, die mit einem schizophrenen Bruder aufwuchs. Sie wollte verstehen, warum er nicht in der Lage war, seine Wahrnehmung mit der Realität, die von der Allgemeinheit der Menschen geteilt wird, zu verknüpfen. Es wurde ihre Berufung. Als Hirnforscherin fragte sie sich, wo der biologische Unterschied zwischen Menschen, die als »normal« gelten, und Menschen mit Wahnvorstellungen sei. Sie widmete ihre Karriere der Erforschung schwerer Geisteskrankheiten – bis sie eines Morgens der Schlag traf. Sie selbst wachte mit einer Hirnleistungsstörung auf, die ihr eine erstaunliche Erfahrung gewährte. Ein Blutgefäß ihrer linken Hirnhälfte war geplatzt, und sie konnte plötzlich am eigenen Leib beobachten, was passiert, wenn ein Teil der linken Hirnhälfte offline geht. An diesem Tag verabschiedeten sich nach und nach ihre Fähigkeiten zu gehen, zu sprechen, zu lesen. Sie konnte nichts mehr, außer glückselig sein – in einem schockierend stillen Bewusstsein! Die Grenzen ihres Körpers verschwammen, und sie beschreibt es später als ein Eins-Werden mit der Energie um sie herum. Jeglicher Druck und alle Sorgen verschwanden. Sie erlebte diesen Zustand als eine »stille Euphorie«. Acht Jahre hat sie gebraucht, um vollständig körperlich und geistig zu regenerieren und auch ihre lehrende Tätigkeit wieder aufzunehmen.[17] Heute steht sie nicht mehr im Labor, sondern reist um die Welt und hält weltweit Vorträge, um für mehr Verständnis von beiden Hemisphären in unserem Hirn und in der Welt zu werben.

Beide Hirnhälften sind zwei komplett unterschiedliche und voneinander getrennte Hemisphären, wie zwei Hälften einer Walnuss, die nur durch Nervenstränge miteinander verbunden sind. In ihrem TED-Talk, der sie berühmt gemacht hat, hält Jill Bolte Taylor ein menschliches Gehirn in den Händen und zeigt auf beeindruckende Weise, dass es tatsächlich zwei komplett voneinander getrennte Hälften sind. Die rechte Hirnhälfte funktioniere, so Taylor, wie ein Parallelprozessor, die linke wie ein serialer Prozessor. Sie können durch das Corpus callosum miteinander kommunizieren, sind ansonsten jedoch vollkommen voneinander abgetrennt und sehr verschieden. Laut Taylor verarbeiten sie Informationen unterschiedlich, denken unterschiedlich, sorgen sich um unterschiedliche Dinge, sie beschreibt sie sogar als zwei unterschiedliche Persönlichkeiten.

Ungefähr so: Die rechte Hemisphäre interessiert sich nur für das Hier und Jetzt. Nur dieser eine Augenblick ist es, der zählt. Glück erfahren wir nur in diesem Augenblick. Die Fähigkeit, emphatisch zu sein und zu verstehen, wie es dem anderen geht, passiere hier. Diese Hirnhälfte denkt in Bildern und lernt durch die Bewegung des Körpers. Informationen in Form von Energie fließen in unser Sinnessystem und explodieren in diesen gegenwärtigen Augenblick, in das, wie dieser Moment riecht, schmeckt, fühlt und klingt. Hier können wir intuitiv und außerhalb der Box denken, spontan und offen für das, was der Moment so hergibt. In der rechten Hemisphäre erleben wir uns als energetische Wesen, verbunden mit der Energie um uns herum. Hier existiert keine Zeit, und es herrscht Stille. Ein stilles Bewusstsein.

Die linke Hemisphäre arbeitet anders. Sie nimmt die Momentaufnahmen und ordnet sie auf einer zeitlichen Achse ein. Sie erzeugt eine Idee von Vergangenheit, Gegenwart und Zukunft. Sie kreiert unser Verständnis von uns und der Welt durch deduktives Denken: Erst kommt der Knall, dann das Echo. Die linke Hemisphäre ist geil auf Details und Details zu den Details. Das große Ganze der rechten Hemisphäre wird hier aufgebrochen in kleine Einheiten, über die wir dann sprechen und streiten können. Ein Regenbogen wird in seine unterschiedlichen Farben aufgedröselt. Die linke Seite wird zum akademischen Meister über die Details, die sie geschaffen hat. Sie definiert uns sehr konkret über unseren Körper, unsere Jobs, unser Hab und Gut, unseren Namen. Durch das Geplapper in dieser Hemisphäre werden wir immerfort daran erinnert, dass wir all das sind, dass noch Brot fehlt und wir noch schnell eine Mail verschicken müssen. Das Denken von »Ich bin…« passiert hier.

Das ist natürlich eine starke Vereinfachung von komplexen Sachverhalten. Aus wissenschaftlicher Perspektive kannst du die Funktionsweisen der rechten und linken Hirnhälfte nicht zu 100 Prozent eindeutig und krass trennen. Was wir aber sicher sagen können:

> *Gemeinsam erzeugen beide Hemisphären die perfekte Illusion, und das nennen wir »unsere Realität«.*

Jill Bolte Taylors Erkenntnisse sind äußerst spannend für uns. Denn was lassen sie uns begreifen? Du bist ein individuelles Ich. Und gleichzeitig nicht. Du hast Lebensenergie, und du bist sie. Lebensenergie, die du jeden Tag zu recht verschwenderisch verprasst. Du nimmst beide Perspektiven gleichzeitig wahr, kannst aber auch zwischen ihnen wechseln: Über deine Aufmerksamkeit zoomst du dich mehr in die eine oder in die andere Richtung. Sie sind wie zwei Orte, von denen aus du die Welt wahrnimmst. Du kannst dich jeden Tag neu erfinden und frisch beginnen. Einerseits kannst du dein Leben aus der gewohnten, sehr begrenzten Sicht der Dinge erleben. Im nächsten Moment gehst du in die Freiheit und Weite, die unbeschreiblich ist, jeglicher Druck und jede Anspannung verschwinden.

Dein Denken, Fühlen und Handeln haben einen Effekt. Sie haben die Macht, dich aus dem Alltagsbrei zu hieven und dich an einen Strom anzuschließen, der dich in Leichtigkeit durchs Leben trägt. Das kreiert ein ganz neues Denken und ein neues Bewusstsein. Die Erfahrung von Sicherheit und Verbundenheit wird dann das Fundament der Veränderung in deinem Leben. Nur wer sich sicher fühlt, kann loslassen und vertrauen, hat demnach Selbstvertrauen. Denn Selbstvertrauen erwächst aus dem Gefühl, gut aufgehoben zu sein in dieser Welt und hierzuzugehören. Diese Kraft kann alles!

Ego-Bewusstsein und universelles Bewusstsein

Und du hast die Wahl! Jeder von uns hat und kennt beide »Hemisphären«. Es geht gar nicht anders. Beide Perspektiven sind nicht nur gleichzeitig da, sie sind auch gleichwertig. Es kommt nur auf eins an: Schulst du dein Bewusstsein oder nicht? Trainierst du deinen Verstand, und wie trainierst du ihn? Schulst du dein Mitgefühl oder dein Problembewusstsein? Enge oder Weite? Setzt du deinen Verstand, bewusst für dich ein, oder lässt du die Kontrollinstanzen, die du in der Kindheit entwickelt hast, auch heute dein Leben managen? Identifizierst du dich stark mit einer der beiden Perspektiven, so fällst du aus dem Gleichgewicht.

Eine Seite ist nicht besser als die andere. Du hast diesen beschränkten, wundervollen Körper, deinen limitierten und auch großartigen Verstand und bist gleichzeitig viel mehr als das. Wechsel deine Perspektive und nimm deine gleichzeitigen Realitäten wahr: Du bist bereits der heiße Scheiß! Das, worauf du immer gewartet hast, dass es dir begegnet. Die große Liebe deines Lebens. Du bist die uneingeschränkte Fülle selbst, pure Energie, Lebensfreude, Leichtigkeit, Kraft, Glückseligkeit. In diesem Augenblick ist alles gleichzeitig da. Du bist von dieser Kraft durchdrungen und erfüllt, sie ist tief in deinem Herzen verankert. Es gibt nichts zu dir hinzuzufügen. Kein neues Tool ist nötig, um sie zu spüren, keine weitere Fortbildung, keine bestimmte Vorerfahrung. Wenn du Freude und Leichtigkeit jetzt in diesem Moment nicht empfinden kannst, dann liegt es einzig und allein daran, dass deine Aufmerksamkeit woanders haften geblieben ist. Du glaubst und erfährst gerade eine sehr begrenzte Version von dir. Du träumst noch. Ängstliche Gedanken begrenzen dich und führen zu einem ängstlichen Leben. Wenn du deinen inneren Zustand jetzt benennen kannst, bist du schon nicht mehr zu 100 Prozent identifiziert mit ihm. Du hast etwas Distanz geschaffen. Du hast die begrenzte Enge bereits so weit verlassen, dass ein Blatt Papier zwischen dich und das Erleben passt.

Mind-Shift

Trainiere dich darin, dir immer wieder diese Fragen zu stellen:
- *Wo bist du mit deiner Aufmerksamkeit?*
- *Geplapper oder Stille?*
- *Enge oder Weite?*
- *Schwere oder Leichtigkeit?*
- *Dunkelheit oder Licht?*

Lehne dich in Richtung Freiheit. Diese schmeckt eher so:

weit

leicht

licht   *frei*

offen   *wohlig*

klar

lebendig

sorgenfrei   *still*   *zufrieden*

verbunden

friedlich   *hell*

warm

freudig   *durchströmt*

erfüllt

ekstatisch

ohne Fragen   *erfrischend*

sonnig

kribbelnd

herzlich

angenehm

Töte nicht dein Ego

Deine Persönlichkeit ist fluide; jeder Mensch, der dir begegnet, beeinflusst dich; jede Geschichte, die du hörst; jedes Buch, das du liest: Das alles ist Nahrung, formt und verändert dich kontinuierlich. Wir sind genauso wenig der Körper, wie wir die Tattoos auf der Haut sind. Wir sind nicht unser iPhone, wir sind auch nicht die Sehnsucht und Verzweiflung, wir sind schon gar nicht unsere Gedanken. Wir sind weitaus mehr als das. Gedanken, Emotionen und Körper ändern sich in jedem Augenblick; die Umwandlung tief sitzender Einstellungen in kurzer Zeit, Panikattacken, die von jetzt auf gleich aufhören und nicht wiederkommen, Spontanheilungen des Körpers, solche »Wunder« sind nur aufgrund dieses Gesetzes von ständiger Veränderung möglich.

Verstehst du die Mechanismen, wie Kopf und Körper zusammen funktionieren, so wird dein Ego in seinem alten Job arbeitslos. Die Stimme der Selbsterniedrigung oder Überhöhung hat keinen Platz mehr in deinem neuen Leben. Du kommst aus der Ego-Nummer dennoch nicht so einfach raus. Denn du bleibst ein einzigartiges Individuum, und auch wenn du dich nicht mehr mit deinem Körper und Verstand identifizierst, hast du sie noch eine ganze Weile dabei. Deswegen: Töte nicht dein Ego, transformiere es lieber. Sorge dafür, dass es nicht mehr dein Feind ist, sondern ein treuer Begleiter. Entspannung, Mitgefühl, Zusammengehörigkeit und Selbstvertrauen stellen sich ein, wenn du sie trainierst. Du kommst nach Hause, du kommst zur Ruhe und bei dir an. In deinem Körper, in deinem Herzen und in deiner Kraft. Du nutzt nun endlich das Wissen um deine Macht, Perspektiven zu wechseln und Gedanken zu verändern, neue Gedanken zu wählen und sie mit einer Emotion zu verknüpfen, die in deinem Körper ein neues Lebensgefühl und somit eine neue Wahrheit schafft.

Was lässt dein Herz singen?

Wenn du tust, was du liebst, fließt Freude widerstandslos durch dich hindurch. Vollkommen egal, was du tust! Du kannst glücklich wie Bolle am Ufer sitzen und dem wundervollen Strom zuschauen, und du kannst reinspringen in den Strom und mitschwimmen. Warte nicht auf gute Gelegenheiten, etwas anzugehen, was du dir schon immer gewünscht hast. Kreiere diese Gelegenheiten, indem du den ersten Schritt wagst. Indem du wagst, zu tun, was dein Herz singen lässt. Das gibt dir die Kraft, die du brauchst, um auch die Durststrecken und dunklen Nächte zu durchwandern. Es gibt immer einen Weg, auch wenn du ihn noch nicht sehen kannst, so spürst du die Richtung und den nächsten Schritt in deinem Herzen.

Liebe, liebe, liebe es

Deswegen liebe, was du tust! Liebe, liebe, liebe es. Tue nichts, was du nicht zumindest akzeptieren kannst. Zu tun, was du liebst, ist kein Privileg, sondern ein Training. Es gehört Mut dazu, auf dein Herz zu hören und wirklich deinen Weg zu gehen. Das sind oft Entscheidungen, die deinen Eltern vielleicht Sorgen machen würden, denn Eltern lieben es, wenn du in ihren Augen sicher bist. Du kannst der größte Schisser auf dieser Erde sein, aber wenn dein Herz Ja sagt, dann wage es! Sieh Herausforderungen, bevor du Bedrohungen siehst; du hast gelernt, wie das geht.

Warum das funktioniert? Weil du dann im Herzen glücklich bist. Diese herzliche Freude überstrahlt und trägt dein Schaffen. Dein Handeln wird direkt mit einem Glücksempfinden belohnt. Das ist bereits dein größter Verdienst, und dafür lohnt es sich, den Weg zu gehen. Freude färbt ab. Du bist glücklich und triggerst andere ebenfalls in ihrer Freude. Deswegen tust du es. Weil es dich glücklich macht, weil es dein Herz singen lässt. Alles, was danach noch kommt, ist die Sahne. Ob das, was du tust, hinterher in den Augen anderer erfolgreich ist, ist zunächst nicht relevant – eigentlich ist es gar nicht relevant. Denn du bist gerade sehr beschäftigt mit einem glücklichen und verbundenen Leben. Und das Schönste ist: Du bist niemals allein dabei! Wenn dein Herz singt, wirst du Gleichgesinnte finden, die mit dir auf einer Welle surfen.

Aus meinen Coachings weiß ich, dass es viele Menschen gibt, die glauben, nicht zu wissen, wann ihr Herz singt, wofür sie brennen und was sie wirklich lieben. Bitte entschuldige meine saloppe Formulierung: Das ist schlichtweg Bockmist! Jeder weiß, wann sein Herz singt. Jeder weiß, was sein Herz zum Klingen bringt. Manchmal hast du nur Angst, den Weg zu gehen, und manchmal ist es auch einfach nur nicht sehr glamourös. Dir macht Puzzeln Freude? Dabei wärst du lieber eine begnadete Surferin? Na, dann ist dein Surfen eben Puzzeln. Vergleiche dich nicht mit anderen, das bringt dich nur weg von dir: Solche Vergleiche stinken immer!

Mind-Shift

Freude ist sehr leicht in Schwingung zu bringen.
Tue mehr von den Dingen, die du liebst:
- *Erstelle eine Liste von Dingen, die du liebst.*
- *Erstelle eine Liste von Dingen, die du jeden Tag tust.*
- *Vergleiche. Und entscheide, was du fortan tun willst.*

Wichtiger als zu tun, was du liebst, ist: Liebe, was du tust. Begeistere dich für die Dinge, die jeden Tag durch das Raster deines Verstandes fallen. Das ist der beste Weg. Bring wieder Lebendigkeit in dein Leben. Begeistere dich für den Augenblick. Dein Leben ist jeden Tag vollkommen neu. Alles, was du heute siehst, spürst, wem du begegnest, wirst du nie wieder so erleben. Das erkennst du nur nicht im Autopiloten, der den ganzen Tag meint: »Kenn ich schon!« Du wachst neben dem Menschen auf, in den du dich mal verliebt hast. Nur dein Verstand gähnt müde: »Den Mann kenn ich schon!« Dieser einst so charmante und interessante Typ fällt jetzt gnadenlos durch dein Raster. Frisches, sauberes Wasser kommt aus dem Hahn. Ist keine Besonderheit, kein Privileg, nichts, was dich glücklich macht, sondern nur: »Kenn ich schon! Und duschen kenn ich auch schon! Kaffee? Kenn ich schon. Zur Arbeit gehen. Kenn ich schon…« Und so verstreicht ein Tag nach dem anderen, ohne dass du irgendetwas von all dem mitbekommst. Du schwimmst in einem passablen, aber freudlosen Alltagsbrei: Genau diese Perspektive auf dein Leben ist es, die dir ein Gefühl von »festgefahren« gibt.

Entwickle eine Alles-neu-Einstellung

Ebenso wie wir Bedrohungen in Herausforderungen verwandeln können, können wir Dinge, die wir nicht gern tun, in etwas verwandeln, das wir lieben. Wir wechseln die Perspektive aus der »Kenne ich schon«-Einstellung in echte Begeisterung. Ähnlich wie die Zimmermädchen im ersten Kapitel einen unliebsamen Job durch eine innere Neubewertung in ein Workout verwandeln konnten, kannst du alles, was du tust, in etwas Neues und aufregend Schönes verwandeln. Das hat ebenso Auswirkungen auf deine Gesundheit, deinen Körper, dein Wohlbefinden und dein Energielevel. Du kannst hingebungsvoll dein Klo putzen, es lieben, im Stau bewusst zu atmen, den Sound deiner schreienden Kinder genießen. Du kannst jede Arbeit, die du doch sowieso tust, in deine tägliche Freudeübung verwandeln. Der Vorteil ist, du hast keinen Extrapunkt auf deiner Agenda. Du wechselst nur in die »Ich liebe mein Leben«-Perspektive. In Momenten, in denen du dein Leben liebst, atmest du tief, du lachst, du vibrierst vor Lebensenergie. Praktiziere das. Viele Menschen kommen gut zurecht mit solchen »bewegten Meditationen«, wenn ihnen das Sitzen auf einem Meditationskissen noch keine Freude bringt.

Praktiziere, vollkommen da zu sein – für dein Leben und zum Beispiel für die Hygiene deiner Kloschüssel. Während du putzt, kannst du eh keine E-Mail schreiben. Dir wird die Mail später jedoch leichter von der Hand gehen, wenn du dich beim Putzen der Toilette auf deinen Atem konzentrierst und den Akt als etwas Angenehmes empfindest. Niemand kann Multitasking! Du kannst nicht zwei Dinge gleichzeitig machen – das funktioniert nicht. Du springst mental nur sehr schnell zwischen den Dingen hin und her. Hier nun kannst du wunderbar üben, über einen längeren Zeitraum bei deinem Atem zu bleiben, während du vollkommen akzeptierst, was du tust. Du bietest keinen Widerstand. Du trainierst deine Konzentrationsfähigkeit, und das ist die Kraft, die dich befähigt, unangenehme Emotionen in einer Minute durch dich hindurchströmen zu lassen.

Mind-Shift

Such dir etwas aus, das du regelmäßig und nicht gern tust,
und dann verwandele es in etwas, das du liebst.

Wähle Situationen deines Alltags, die du gar nicht magst, und transformiere sie in ein anderes Erleben. Wähle eine neue Perspektive, die es dir erlaubt, alles neu, befriedigend und angenehm zu erleben. Denn die Wahrheit ist: Es ist alles neu! Heute ist ein neuer und aufregend schöner Tag voller Freude, Liebe und der Freiheit, du selbst zu sein. Dein Verstand ist nur nicht darauf trainiert, es zu sehen. Im Sinne deiner Sicherheit passiert nichts Außergewöhnliches. Doch ob dein Leben ungewöhnlich, aufregend und wundervoll ist – oder eben nicht –, ist allein deine Entscheidung und dein Training. Halte die Welt an, atme und finde zurück in deine Kraft – das heißt im Klartext in diesem Fall: Wünsch dich nicht weg; denke dich nicht woandershin; lenk dich nicht ab. Das ist es. Das hier ist dein Leben, jetzt in diesem Moment. Besser wird's nicht! Zumindest in diesem Moment nicht. Niemand zwingt dich, es ist deine freie Entscheidung. Du tust es nur für dich. Gib dich hin. Genieße es.

Mal wieder alles richtig gemacht!

»Ich liebe mein Leben!« Das wäre doch ein toller Satz, oder? Wenn das nicht deiner ist, dann finde einen anderen, der die Kraft hat, dich aus deiner Alltagssoße herauszuheben. Wie ich meinen fand? Vor etlichen Jahren habe ich eine fantastische Pizza gegessen. Das war im Urlaub vor Capri. Wir sind mit dem Boot rüber und haben uns Capri angeschaut. Anders als die Stadt selbst habe ich diese Pizza nie vergessen. Sie war so gut, dass ich meinen Freunden lauthals verkündete: »Ich habe mal wieder alles richtig gemacht!« Von dem Tag an wurde dieser Satz zunächst ein Running Gag und später dann eine echte Einstellung in meinem Leben. »Mal wieder alles richtig gemacht!« triggert sofort meine Freude und hebt meine Stimmung aus jeder Miesepeter-Perspektive heraus. In jeder erdenklich ungünstigen Situation bereitet mir diese Affirmation großes Vergnügen: Ich verpasse die Bahn, komme zu spät zu einem Termin, genieße die kleine Auszeit, die mir das Leben gerade geschenkt hat, und denke im besten Sinne: »Mal wieder alles richtig gemacht!« Eine Idee, die ich hatte, funktioniert nicht? »Mal wieder alles richtig gemacht!« lässt mich sofort aus einer anderen Perspektive darauf schauen, und mein Verstand liefert mir sofort Beweise für die Sonnenseite dieser Situation: Es ist nicht der richtige Zeitpunkt für meine Idee, es sind nicht die richtigen Kooperationspartner, ich werde mal schauen, wie es anders besser geht, ich hole mir Unterstützung dafür… Ich liebe es, diesen Satz auch anzuwenden, wenn alles wirklich gut läuft. Dann macht er mir besonders großen Spaß. Jeder entscheidet selbst, aus welcher Perspektive er auf sein Leben schaut.

Mind-Shift

Finde deine eigene Affirmation, die dich direkt auf die Sonnenseite jeder Situation katapultiert. Und spiele damit in deinem Alltag. Platziere sie an den unmöglichsten und schönsten Stellen. So wie ich das tue mit:
»Mal wieder alles richtig gemacht!«

Freude ist die Musik, die dein Herz spielt

Lass uns die Freude noch tiefer in deinem Sein verankern. Erinnerst du dich an das letzte Mal, als du tiefe Freude empfunden hast? Freude ist wie ein Musikinstrument, das du immer dabei hast. Die Frage ist, wann spielst du es? Brauchst du einen Grund? Wir können eine Million Gründe finden, uns nicht zu freuen. »Ja, weißt du, die politische Lage…« oder »Das geht nur im Urlaub in der Sonne!« Klar fällt es uns leichter, wenn der Kopf frei ist und die Sonne lacht, dennoch ist es auch im Urlaub unsere Entscheidung, die Freude zuzulassen. Uns selbst nehmen wir ja immer mit. Wie war das beim letzten Mal, als du dich richtig aus der Tiefe gefreut hast: Waren die Umstände günstig, und du hast dich geöffnet, du hast Freude zugelassen? Erinnerst du dich? Wo warst du? Wie hast du dich gefühlt? Was hast du in deinem Körper gespürt?

Mach jetzt nicht den Fehler, dich dahin zurückzuwünschen. Sehne dich nicht nach einem Ort, einem Menschen oder irgendetwas, sondern erlaube der Emotion jetzt und hier, in deinem Körper zu schwingen. Bring das Gefühl hierher. Du stimmst jetzt diesen Ton »Freude« an. Du benutzt die Erinnerung, das Bild in deinem Kopf, vielleicht auch nur ein Wort oder ein Lied, das dich erinnert, um die Emotion in dir zum Schwingen zu bringen und das Gefühl im ganzen Körper auszubreiten. Wie Musik kann dich die damalige Freude erreichen, selbst wenn du jetzt an einem völlig anderen Ende der Welt bist. Du konzentrierst deine Aufmerksamkeit auf die Vibration in deinen Zellen. Atme tiefer. Lass die Freude zu. Lass sie höher schwingen und größer werden. Matche dieses Gefühl jetzt hier. Spüre es in deinen Zellen. Trainiere das jeden Tag aufs Neue. Hebe deine Energie aus dem Einheitsalltagsbrei heraus und lass sie höher steigen.

Und bitte: Gib dir keine Mühe dabei!
Hör auf, dich zusammenzureißen und streng dich nicht an.

Wilde Seele

Doch es gibt da noch etwas. Außerhalb von Gedanken, Emotionen und Körper, etwas, an das du angebunden bist, das dich mit allem verbindet und dich zugleich vollkommen von allem absetzt. Eine Kraft, die durch deine Adern fließt und dich am Leben hält. Auf der anderen Seite der Angst, wenn all das, was dich einst von dir selbst trennte, gesehen und erkannt worden ist, dann spürst du sie mächtig in dir. Es ist eine gewaltige kreative Schöpferkraft und die Stille selbst: die wilde Seele. Es ist die Natur, die Urkraft, aus der du erschaffen wurdest, und die Lebensfreude, die darauf wartet, von dir realisiert zu werden. Unendlich viele unsichtbare Nabelschnüre verbinden dich mit jedem Baum, jedem Menschen, jeder Blume. Alles, was lebt und atmet, alles, was jemals war und je sein wird, ist Teil dieser Verbindung.

Die wilde Seele ist dein wahres Selbst, deine innerste Wahrheit, frei und furchtlos. Sie kommt zum Vorschein, wenn du aufhörst, auf Nummer sicher zu gehen, wenn du deine hinderlichen Muster über Bord wirfst und dich endlich traust, ganz und gar du selbst zu sein. Sie ist deine Natur, deine Farbe und dein Funkeln in dieser Welt. Wenn dein Herz singt, bist du direkt mit ihr verbunden und holst sie ans Licht. Dann liebst und lebst du in Harmonie mit deiner Natur und der Natur um dich herum. Sie führt dich zum richtigen Zeitpunkt an den richtigen Ort und trägt dich, wenn du müde bist. Sie lässt dich machen, wenn du glaubst, du müsstest die Welt auf deinen Schultern tragen; bis du zusammenbrichst und nichts mehr halten kannst. Jede Erfahrung, die du dir ausdenken kannst, gewährt sie dir. Sie wertet nicht. Die Natur drückt sich durch dich aus, und du bist die Natur.

Sie hat kein Gender; vereint alles Männliche und Weibliche in sich. Das Harte und das Weiche ist sie zugleich. Es geht dir nicht gut, wenn du dich gegen diesen Strom stellst, dich abkoppelst oder es zumindest versuchst. Dann wird es anstrengend. Es ist anstrengend, weil du dann all deine Kraft und Energie dafür aufwendest, das Offensichtliche zu unterdrücken und dir selbst zu beweisen, du seist allein in der Welt.

Die wilde Seele spricht aus deinem Herzen, nicht aus deinem Kopf. Mit ihr spürst du deine Wahrheit durch den dichten Nebel deiner plappernden Gedanken. Du hörst sie in deinem Atem und in dem Atem der Natur, dem Rauschen der Blätter im Wind, dem sanften Fließen der Wasser, dem wilden Treiben der Winde. Sie atmet. Deine wilde Seele ist das, wonach du dich immer gesehnt hast, und sie lächelt, wenn deine verführerische Sehnsucht dich in die falsche Richtung blicken lässt. Sie leuchtet in deinen Augen und aus all deinen Poren, wenn du zutiefst entspannt bist. Sie hat es nicht eilig, sie hat die ganze Ewigkeit, die nur in diesem gegenwärtigen Moment existiert. Schließe die Augen, werde still und höre deinem Atem zu. Erlaube deiner Lebensenergie, in dir zu strömen. Sie ist feiner noch als Sauerstoff. In all deinen Zellen und darüber hinaus. Alles in dir will ganz sein, will in Harmonie mit der Natur und mit dem Leben sein. Höre hin, höre deinem Atem zu.

Du stellst die Verbindung her, wenn du wahrhaft anwesend bist. Dann öffnest du automatisch alle Poren und bist zufrieden, erfüllt und glücklich. Deine Lebensenergie fließt auch ohne jegliches Tun, wenn du liebst. Sie ist nicht an eine Handlung gekoppelt. Deine Konzentration ist bereits Liebe. Deine zugewandte Gegenwart, deine Aufmerksamkeit ganz und gar einem Objekt, einem Menschen, deinem Atem, deinem Leben zu widmen, das ist es bereits. Tue es einfach. Liebe einfach drauflos. Liebe alles an dir! Liebe Eiscreme! Liebe die Kleidung auf deiner Haut. Liebe den Menschen, der dir gerade begegnet – er muss es ja noch nicht einmal erfahren. Du liebst. Und du liebst für dich. Liebe den Duft deiner Stadt! Liebe die Geschmeidigkeit deines Körpers. Rieche, schmecke, spüre, folge den Impulsen deines Körpers. Lache jeden Tag. Glaube an dich, an deine innerste Wahrheit. Es gibt immer einen Weg. Auch wenn du ihn noch nicht sehen kannst, spürst du den nächsten Schritt! Und so möchte ich dir am Ende dieses Buches einen letzten Mind-Shift schenken, der mein liebster ist:

Mind-Shift

Liebe einfach drauflos! Wenn du meinst, etwas nicht lieben
zu können, dann fang jetzt damit an!

Tja, und jetzt stehen wir wieder hier. An der Klippe. Du stehst an einer Klippe und schaust ins Nichts, in die Weite und den klaren, sonnigen Himmel. Vor dir ist die Ungewissheit. Entweder du machst den Schritt nach vorn, verlässt das Altbekannte, oder du gehst zurück in das, was du kennst. Du hast gehört, es soll ein ziemlich geiles Gefühl sein. Absolute Freiheit und pure Lebensfreude. Du wolltest schon immer wissen, wie es ist, vollkommen schwerelos und ekstatisch zu sein. Voller Energie über dich selbst hinauswachsen. Das wär's doch. Du hast viel dazu gelesen und andere befragt, aber so richtig vorstellen kannst du es dir nicht. Jetzt stehst du hier oben, und es ist an der Zeit. Du bist jetzt dran.

Und dann spürst du ihn – diesen Kitzel, der sich immer zeigt, wenn du das Bekannte verlässt und in neue Welten vordringst. Ist es Angst? Nein, Angst ist es nicht! Es ist Mut, pure Vorfreude! Ja, es fühlt sich geradezu ekstatisch an. Vorfreude auf ein pralles Leben. Dieses unbeschreibliche, prickelnde Gefühl nimmt deinen ganzen Körper ein. Alles, was du weißt, ist: Wenn du jetzt springst, willst du dich an rein gar nichts mehr festhalten. Du willst deinem Herzen folgen. Jetzt gibst du die Kontrolle ab, die du eh nie hattest. Keine Entschuldigung mehr. Kein Rückzieher. Du willst wissen, wer du sein kannst in diesem Leben.

Du breitest deine Arme aus und spürst den sanften Wind auf deiner Haut. Dein Herz bollert wie wild. Dein Körper vibriert. Die Sonne scheint in dein Gesicht. Dein Fuß scharrt im Kies und geht dann den Schritt. Nach vorn. Es gibt kein Zurück! Du stürzt – und jetzt spürst du sie. Die Energie des Lebens. Das Pumpen in deinen Venen. Schwarzer schlammiger Schlick transformiert in rote und lila Partikel. Fließend. Ein Strom des Erlebens. Des Seins. Inständiges Klopfen. Verlangen nach Selbst. Ein Meer aus Licht. Und dann. Ja, du kannst! Du fliegst!

Goodbye ANGST

Buchempfehlungen

Berceli, David: Shake It Off Naturally. Reduce Stress, Anxiety, and Tension with [TRE], CreateSpace 2015

Byron Katie: Lieben was ist. Wie vier Fragen Ihr Leben verändern können, Arkana Verlag 2002

Damasio, Antonio: Descartes' Irrtum. Fühlen, Denken und das menschliche Gehirn, List Verlag 2004

Eagleman, David: The Brain. Die Geschichte von dir, Pantheon Verlag 2017

Hölzel, Britta, und Brähler, Christine: Achtsamkeit mitten im Leben, O.W. Barth Verlag 2015

Hüther, Gerald: Etwas mehr Hirn, bitte, V&R Verlag 2015

Kabat-Zinn, Jon: Gesund durch Meditation. Das große Buch der Selbstheilung mit MBSR, Knaur Verlag 2013

Klitschko, Wladimir: Challenge Management. Was Sie als Manager vom Spitzensportler lernen können, Campus Verlag 2017

Kornfield, Jack: Das weise Herz. Die universellen Prinzipien buddhistischer Psychologie, Arkana Verlag 2008

Levine, Peter A.: Trauma-Heilung. Das Erwachen des Tigers, Synthesis Verlag 1999

Levine, Peter A.: Vom Trauma befreien, Kösel Verlag 2011

McGonigal, Kelly: Glücksfaktor Stress. Warum Stress uns erfolgreich und gesund macht, Trias Verlag 2018

Plattel-Deur, Tilke: Die Kunst der integrativen Atemtherapie. Ein Buch, um das Leben von Therapeuten zu erleichtern und ihre Klienten zu inspirieren, Design Pavoni Verlag 2009

Shaw, Julia: Das trügerische Gedächtnis, Heyne Verlag 2018

Singer, Tania, und Ricard, Matthieu: Mitgefühl in der Wirtschaft, Knaus Verlag 2015

Thich Nhat Hanh: Ich pflanze ein Lächeln, Goldmann Verlag 2007

Tolle, Eckhart: Jetzt! Die Kraft der Gegenwart, J. Kamphausen Verlag 2010

Van der Kolk, Bessel: Verkörperter Schrecken, G.P. Probst Verlag 2017

Anmerkungen

1 McGonigal, Kelly: The Upside of Stress, Penguin Random House LLC., Introduction. Seite xxi.

2 Crum, Alia J., Salovey, Peter, Achor, Shawn: Rethinking stress. The role of mindsets in determining the stress response. Journal of Personality and Social Psychology, Vol 104(4), Apr 2013, 716–733.

3 Keller, Abiola et al.: Does the Perception that Stress Affects Health Matter? The Association with Health and Mortality, Health Psycholgy 2012 Sep; 31(5): S. 677–684. McGonigal, Kelly (TEDGlobal 11. Juni 2013): Wie man Stress zu seinem Freund macht. Video zu finden unter bit.ly/2IOCCQo

4 Hüther, Gerald: Etwas mehr Hirn, bitte, V&R Verlag, S. 108 ff.

5 Crum, Alia J., and Ellen J. Langer: Mind-set matters: Exercise and the placebo effect. Psychological Science 18, 2007, no. 2: 165–171.

6 Crum, A & Lyddy, C.: De-Stressing Stress. The Power of Mindsets and the Art of Stressing Mindfully (2014), S. 948–963.

7 Jamieson, Jeremy P., Mendes, Wendy and Nock, Matthew: Improving Acute Stress Response – The Power of Reappraisal. Current Directions in Psychological Science. (2013). 22. S. 51–56.

8 Jamieson, Jeremy P., Mendes, Wendy and Nock, Matthew: Mind over Matter. Reappraising Arousal Improves Cardiovascular and Cognitive Responses to Stress, J Exp Psychol Gen. 2012 Aug; 141(3): S. 417–422.

9 Taylor, Shelley E. et al.: Biobehavioral responses to stress in females: Tend-and-befriend, not fight-or-flight. Psychological Review, Vol 107(3), Jul 2000, S. 411–429.

10 Pascual-Leone, Alvaro, Amedi, Amir, Fregni, Felipe and Merabet, Lotfi B.: The Plastic Human Brain Cortex, Annu. Rev. Neurosci. 2005. 28: S. 377–401.

11 Berceli, David: Neurogenes Zittern. Eine körperorientierte Behandlungsmethode für Traumata in großen Bevölkerungsgruppen. Trauma und Gewalt, 4. Jahrgang Heft 2/2010. Berceli, David: »…dem Körper zu erlauben, sich laufend selbst zu heilen«, Psychotherapie im Dialog 2/2006.

12 Holt-Lunstad, Julianne, et al.: Loneliness and Social Isolation as Risk Factors for Mortality: A Meta-Analytic Review. Perspectives on Psychological Science, 2015/3.

13 Reminiscences of Hans Selye and the Birth of »Stress«, Stress Medicine Vol. 14, S. 1–6, 1998.

14 Petticrew, Mark P., and Kelley, Lee: The »Father of Stress« Meets »Big Tobacco«: Hans Selye and the Tobacco Industry. American Journal of Public Health 101.3 (2011): S. 411–418. PMC. Web. 25 Mar. 2018.

15 Klitschko, Wladimir: Challenge Management. Was Sie als Manager vom Spitzensportler lernen können, Campus Verlag, S. 31 f.

16 Plattel-Deur, Tilke: The Art of Integrative Therapy. Healing the Past on a Soul Level, Design Pavoni Verlag.

17 Jill Bolte Taylor, Ph.D.: My Stroke of Insight. A brain scientist's personal Journey, Hodder & Stoughton, 2009, S. 30 ff.